教育／家族をジェンダーで語れば

木村涼子×小玉亮子

発行 白澤社

まえがき

すべての人が「子ども」の時期を経験する。かつて「子ども」だった「大人」は、今、自分の目の前にいる「子ども」を見つめる。「子ども」は何を思い、何を感じているのか。「子ども」と向き合う中で、私たちは自らの「子ども」時代を思い起こす。

今、子どもはさまざまな問題の渦中にあると言われる。子どもの心、子どもの発達、子どもの暴力、子どもの性、子どもの学力、子どもの進路……。これらの問題が取りざたされるのは、マスメディアによって煽り立てられているからだけではない。実際に子どもと接する日常生活——家族や学校——の中で大人が感じざるを得ない課題は山ほどある。それらは互いにからみあっている。重層的に構成されている問題を考えるためには、当然のことながら多面的な分析が必要となる。

「教育」と「家族」を「ジェンダー」の視点で語る。これが、本書のタイトルである。本書は、子どもに関わる諸問題の多面的分析を可能にする一つのツールとして、「ジェンダー」を採用している。「ジェンダー」とは、人間を「男」と「女」に二分し、それぞれの特性・能力・役割および両者の権力関係を、社会的・文化的に構成する思考の働きを指している。
「教育」や「家族」は、子どもにとって「善き領域」でなければならない。そこでは、「生徒」と「教師」、「子ども」と「親」の関係性についてのあるべき姿が無意識のうちに設定されがちである。本書は、「女の子」とは／「父親」とは／「男の子」とは／「母親」とは等々、無意識のうちに設定されている前提を、社会的・文化的に固定化された役割・特性や権力関係の網の中に読み解いていく。「らしさ」の枠を問い直すことによって、「子ども／かつて子どもだった私たち」の新しい姿が浮かび上がってくる。私たちは、ジェンダーという鏡に映すことによって、目の前の子どもや自分自身の異なる姿を発見することができるはずだ。

ただし、そこに映るのは「真の姿」だというわけではない。たった一つの答えなどないのだ。「真相」を簡単に決めてしまうことこそ、拒否すべきものだ。ここで示しているのは、ジェンダーで問い直すことの可能性である。私たちを束縛している強力な「仕組み」の一つとしてジェンダーをとりあげ、硬直化した思考を解きほぐすことが本書のねらいである。

本書は二部構成となっている。第一部は、小玉亮子と木村涼子の二人が一種の往復書簡として呼応しあう形で「家族」と「教育」について相互に論じている。そこでは、子どもの個性と差異、子育てに潜む権力関係、思春期のセクシュアリティ、ロマンティック・ラブと性別文化、家族愛の世界、母親業と父親業、子どもをとりまく暴力、教室の中の権力関係、家族と学校と地域の連携など、さまざまなトピックが互いのやりとりの中で連鎖反応を起こしながら語られる。第二部は、二人がそれぞれ一つのテーマについてジェンダーの視点をとりいれながらじっくり論じることを試みたものである。木村は、長年の議論となっている「そもそも女性は理系に向いていないのか」という問題について、小玉は、社会調査言説の検討からこれまで大人によって「子ども」の気持ちが代弁されてきた歴史について論じている。

ジェンダーの視点によって拓ける地平は多様でありうる。その可能性が大きいからこそ、社会や文化に関する分析においてジェンダーの視点を欠くことはできない。

すべての「子どもだった」人――「子どもを卒業しかけている」大学生、今親として、教師として「現役の子ども」に身近に向き合っている人――にぜひ読んでいただきたい。かなうならば「現役の子ども」たち自身が本書を手にとってくれること。これは著者二人がおもわず願ってしまう、欲ばりな望みである。

木村涼子

教育／家族をジェンダーで語れば

目次

教育／家族をジェンダーで語れば◆目次

Ⅱ　教育／家族とジェンダー

I

教育／家族をジェンダーで語れば

1　個人と差異と――アメリカの小学校で（小玉亮子）

異国に暮らす

少し前のことになりますが、私は、二〇〇二年から二〇〇三年までの、わずか八カ月ほど、アメリカ合衆国のミネソタ州に滞在しました。夏に渡米して、9・11の一年後のようす、秋の中間選挙を見て、日本に帰国したのはイラク戦争のさなかでした。その後、戦争は終結するどころかイラクの戦火はつづき、他方、ブッシュ大統領が再選され、時代は変動のなかにあるように思います。

もちろん、こういった大きな事件は日本にいてもメディアを通じて知ることができるのですが、外国人として異国で暮らすなかで興味深いことは、マスメディアで伝えられるいろいろな問題や、また、文字を通じて得た知識を、日々の生活の中で感じることができることのように思います。ミネアポリスという地方の一都市でしたが、戦争の始まりが近づくにつれて、個人の住宅の庭先や窓にたてかけられた「イラク戦争に反対と言おう」（SAY NO, to war with Iraq）というプラカードの数が、日に日に「イラク開

「イラク解放」のプラカードが立てられている庭（撮影＝筆者）

「反対と言おう」のプラカードが窓下におかれている（撮影＝同左）

放 私たちの軍隊を支援しよう」（LIBERATE IRAQ, Support Our Troops）というプラカードの数に押されていくようすは在米中のとても印象的な記憶のひとつです。

そのような中、わずかな期間でしたが、私の娘はミネアポリス市のある公立小学校の小学一年生になりました。私は、娘をとおして、入学式はもとより、運動会もない、日本の小学校とは異なるアメリカの小学校を体験することになりました。

respectという言葉

「私たちは約束します、私たち自身をrespectすることを」

これは、娘が通った小学校の三つの標語のうちの一番初めのものです。Respectは、日本語でいうと「尊敬する」とか「尊重する」という意味がありますから、自分自身に対する敬意をもつといったことが、学校で教育の目標の冒頭にあることになります。娘の通った小学校は、一九一一年にできた公立小学校で、ミネアポリス市の中では伝統ある小学校というところだったと思います。古い校舎の真ん中の玄関を入って正面にある木造の階段を数段上がったところに、この標語がさりげなく貼ってあって、とても印象的でした。

このrespectという言葉は、小学校だけではなく大学でも目にした言葉です。どこで見たのかというと、ミネソタ大学で学生たちが授業評価する際の質問項目の中でした。現在多くの日本の大学でも学生による授業評価がおこなわれていますが、講義の最後に受講してみてどうだったのか、学生たちに意見を聞くものです。いくつかの質問項目が設定されていて、それに答える形式をとったり、自由に書いてもらったりします。こういった学生による授業評価に関しては、アメリカは先進国といっていいでしょう。授業の何を学生に評価させるのかで、大学ないし学校の見識がわかると思うのですが、私は、ミネソタ大学でおこなわれている授業評価項目のなかに、「教師は学生をrespectしていましたか」という項目を質問項目の中にみつけたのです。

小学校でみた「自分自身をrespectする」という言い方、また、大学でみた「教師が生徒をrespectする」という言い方、そのどちらにも少しびっくりしました。というのも、私はこれまで、日本語で「尊敬する」という言葉使うとき、日本的な上下関係のなかで使われる言葉であるかのように思っていたからです。ミネソタの小学校や大学で使われているrespectという言葉を見たときに、あらためて、これまで私が限定的に使っていたrespect＝尊敬するという言葉を、尊重するとか大切にするという意味でとらえることの必要性を感じました。

こういった教育において求められるrespectというまなざしは、子どもたち一人一人を尊重し、ていねいに目をむけることにもつながるのだと思います。

一人一人にあわせたテキスト

さて、娘は、Room No. 110とよばれる、一年生のクラスにはいりました。生徒が二〇人前後のクラスに担任の先生が一人。英語がまったくわからないうちはずいぶん娘も苦労したようでしたが、そのうち黒人の女の子の親友ができ、愉快な担任の先生のもとで、何とか学校生活をおくることができました。

余談ですが、担任の先生には、お正月があけて二人目の子どもが生まれたのですが、彼は、子どもが生まれる前後三週間の休暇（産休とよべばいいのか、育児休暇とよべばいいのか）をとりました。休暇から復帰したときに、とてもすばらしい経験だったと保護者たちへの手紙（息子の大きな写真付き）に書いてありました。学校に先生の一家がときおりおとずれていたようで、娘たちは赤ちゃんに対面するなど、先生の家族の変化のようすを十分理解していたようでした。

さきほど、クラスの生徒数が二〇人前後と書きましたが、これは半年の間に何度も子どもの数の変動があったからです。結局、私たちが帰国するまでにクラスの三分の一近い子どもたちが入れ替わっていました。ダウンタウンに住んでいたからでしょうか、短期間で移動する労働者の子どもたちがたくさん通っていたため出入りがはげしかったようです。

クラス人数が少ないことは、英語がさっぱりわからない娘にとってはとてもありがたいことでした。娘のほかにも英語があまりわからない子どもたちが何人かいて、この小学校では、英語ができないことはそれ自体特別なことではありませんでした。もちろん、通常の授業だけではついていけない生徒たちもいるので、彼らには、英語に関して特別に配慮した補習が設定されていました。といってもヒスパニックの子どもたちを念頭においたものだったので、先生はスペイン語のできる先生でした。結局、娘にとっては、英語と同様スペイン語も、わからないという点ではおなじで、あまり英語の補習というわけにはいかなかったのですが。

ミネアポリス市の公立小学校（撮影＝筆者）

このように英語に関してばらつきのある教室のなかでは、通常「読む」ことについての勉強は、一人一人の子どもの力に応じた本を読んでいく、という徹底した個人の進度別の構成になっていました。「読む」勉強の時間は、一人一人教室のカーペットの上の好きなところに座って、それぞれ自分のレベルにあった本を読み、先生は子どもたちが困ったときに、援助をするのですが、生徒たちは一人一人自分の課題の本を読んでいくというやり方をとっていました。

個人の成績、学校の成績

面白かったのは、通知表の書き方です。一年間に三度ほど通知表がつけられて、面談の際に渡されるのですが、そこに書かれた成績評価は、つぎのようになっていました。「課題を自分ひとりでできる」、「少し援助を必要とする」、「援助がなければできない」という分け方で評価がついていました。これは、英語にせよ、算数にせよ、あるいは体育や美術であってもおなじです。つまり、与えられた課題を自分の力でできるかどうか、特に注目されるのは、その子どもは課題をこなすためにどれだけの援助が必要なのか、という見方から成績がつけられているところです。

この視点は、学校の成績がつけられる際にも導入されていました。娘が通っていた小学校は、「貧困率が高いが英語と算数の成績がよい」、ということで高い評価を受けていました。この貧困率が八割を少し下回るという情報に私たちは、たいへんびっくりしたのですが、だからといって、それほど変わったようすもない学校でした。成績がよい、というのは、州の共通テストの成績から判断された結果です。三年生と五年生の子どもたちが、同一問題で試験をうけるのですが、その際、学校ごとに成績がつけられ、評価がされていました。ここで評価されるのは、子どもたちが取った点数の平均点ではありません。

もしそうなら、特別に成績の高い子どもであればあるほど、学校に貢献することになります。そうではなくて、ここでの各学校の評価は、市で想定した一定の合格点に達した生徒が何パーセントいるか、ということでなされます。したがってここでの高い評価をうけるために、学校にとって必要なことは、優秀な子どもをたくさんあつめることではなく、子どもたちをみな一定程度の理解に達するように教育することになるわけです。逆に言えば、学校の成績が低いということは、課題をこなせる子どもが少ないわけですから、その学校はもっと子どもたちに援助するように努力しなさい、ということになります。

学校ごとに成績評価されるということは日本でも今まさに議論になっていますが、このようなかたちでミネアポリスでは、すでに学校ごとにつけられた評価は、校区の指定のないなかで保護者たちが子どもの学校を選択する際の一つの参考資料として公表されていました。

さて、再び英語の学習についてですが、年度末が近づいたころ、英語の文章を読む力をみるコンテストがありました。お話が書かれた紙を渡されて、その子が一定の時間内にどこまで読めたか、読めたところまでの単語数をカウントするというものでした。難しい文章を読める子どもは難しい文章を渡されて、それほどでない子どもは易しい文章を渡されて読みます。ここでも子どもの英語力に即した英文が渡されます。個人別に異なる文章をよむことでどうやってコンテストするかというと、二つの評価ポイントから子どもたちは成績を競うというやり方をとっていました。一つは、家庭で何時間練習をしたのか、ということ、もう一つは、読めた単語数が学期の当初よりどのくらいふえたのか。家庭でどれだけ練習したかは完全な自己申告ですから、実はなんとでもかけるわけで、そのあたりがのんびりしているなあ、という感想をもちましたが、単語数のカウントは、先生が一定時間内で読ませて数えますから、試験といったかんじでした。

演劇

このコンテストの後、カリキュラムとして演劇が導入されました。町の劇場の専門家が学校にやってきて、演劇の指導をするといういわば特別教育です。クラスの全員が何かの役になって、みんなで一つの物語を演じる、というものでした。

せりふの難しい役から、掛け声をかける程度のものまで、いろいろな配役がありました。こういった配役は、子ども一人一人の英語力の違いに応じて決められ、英語がよくわからなかった娘は、とても短いせりふをもらって、親はひそかにほっとしていました。

物語は、プリンセスの結婚をめぐるお話です。一人のプリンセスが結婚するにあたり、たくさんの若者が名乗り出て、競って珍しい贈り物をさがしてきます。かぐや姫を彷彿とさせるお話ですが、結末は、どこでも見ることができる鏡や、空を飛んでいけるじゅうたんといった珍しい贈り物を持ってきた王子さまではなく、病気をいやす一個のレモンを持ってきた一人の王子さまをプリンセスは選ぶというものでした。

アメリカの子どもたちにとってディズニー・アニメはとても身近ですが、特に、そのなかで圧倒的な人気をほこっているものに、六つのプリンセス物語があります。一番人気のシンデレラ、そして白雪姫、人魚のアリエル、野獣を愛するベル、糸車でねむってしまうオーロラ、アラジンにでてくるジャスミンと、ただひたすらみんなの援助をうけている白雪姫から、勇敢な姫であるジャスミンまで最近のものにはバラエティがありますが、しかし、これらのプリンセスはすべて素敵な男性と結ばれるハッピーエンドの物語であるところは共通しています。

学校の演劇にえらばれた冒険とやさしさ、そして愛をテーマとしたプリンセスをめぐる物語は、子どもたちにとてもなじみやすいものだったでしょうし、楽しいものであったとは思います。しかし、自分の力で目標を勝ち取るという役割を演じたのは、やはりストーリーの中では若者でした。私は、この物語を読んで、やはり何かを勝ち取るのは、男の子についての話なのだろうか、と考えこんでしまいました。そして、物語の中に登場するプリンセスは、といえば、ささやかな贈り物をもってきた王子さまによってハッピーエンドとなるという設定で、まるでディズニーのプリンセス物語に見られるようなストーリーに、また、それが、学校の演劇という授業で取り入れられたことにとまどいました。しかしながら、もっとも驚いたのは、子どもたちの配役でした。

ジェンダーといくつもの差異

娘の学校では七割が貧困層の子どもであると公表されていたことは述べましたが、貧困層がほとんどいない郊外の小学校ともっとも違っていたのは、子どもの人種の多様性でした。郊外の学校が、地域によってはほぼ一〇〇%が白人であったりするのとは対照的に、娘のクラスの人種構成は、およそ黒人四割、白人三割、アジア系二割、ヒスパニック一割という構成でした。

演劇の配役を決めたのは、この演劇の指導に来ていた先生たちでした。配役は英語力のちがいによって割り振られていたようです。英語のあまりわからない日本人である娘がほんの一文のせりふだったのに対して、英語の文章をもっともよく読め、コンテストでアワードを得た黒人の女の子は、最もたくさんのせりふをあたえられていました。でも、この演劇でのヒロインは、せりふこそそれほど多いわけではありませんが、あくまでプリンセスです。そして、主役はプリンセスを射止める王子さまです。いつも大人びたスカートをはいてきていた黒人の女の子にとって、あるいは、ネイティブの子ども以上に英語で読み書きができるようになっていたヴェトナムからやってきた女の子にとって、やってみたい役がプリンセスでなかったとは言い切れません。

結局、そのプリンセスの役を割り当てられたのは、クラスでただひとりの白人の女の子であり、プリンセスを射止める王子さまの役は、白人の男の子のなかの一人でした。演劇というクラスで一致しておこなわれた行事は、結果的に、アメリカで生きる子どもたちの差異が単なる違いではないことを、可視化するものとなりました。

確かに、アメリカの小学校では、一人一人の子どもに個人を大切にするまなざしがむけられていたのだと思います。また、教室で大騒ぎをしたハロウィーンやバレンタインデーとはうってかわって、学校でクリスマスに特化したセレモニーがなかったのは、公立学校として多様な文化の差異に配慮していたのだと思います。しかし、個人を大切にしようというまなざしや文化の差異に敏感であることの合間をぬって、異文化やジェンダーといった多様な差異に働く非対称的な関係がまだまだ根強いことを感じながら帰国しました。

2　名前の重さ（木村涼子）

女の名前・男の名前

名前は記号にすぎませんが、それぞれ一個の人格をその意味内容としてもつ、人間にとっては非常に重要な記号です。だからこそ、親がわが子につけた名前には、周囲のさまざまな願いや期待がこめられています。

名前を切り口としてジェンダーを考えてみるという、ちょっとした「お遊び」のようなワークショップをしたことが何度かあります。まず、自分の名前の由来、だれがどういう理由でその名前をつけてくれたのかをそれぞれ思い出して自己紹介してもらうと、短いながらもライフヒストリーのイントロのような話になっていきます。親子関係やきょうだい関係が語られるだけでなく、その名前にゆだねられた願いと照らし合わせての実際の生活経験も話題にのぼります。名前で苦労したり得をしたエピソード、名前と自己イメージなど、名前に関する話題を豊富にもっている人は案外と多いものです。

それらの話題の中で、性別は重要なファクターとして登場します。親・親族が名前にこめる期待や願いには子どもの性別による違いがあります。そして、名前に象徴されるような親の期待やしつけを本人が受けとめていくプロセスは、それぞれ「男」の経験、「女」の経験として意識化されています。

自己紹介の後、小人数のグループに分れ、自分の身近な人々（家族や友人）の名前を思いつくだけ出し合って、女性の名前と男性の名前のそれぞれに何か特徴を見出すことができるかを話し合ってもらいます。

名前のつけ方にも流行があり、今の子ども世代では「子」がつく女の子の名前は激減していますが、一昔前まで女性の名前の主流は「〜子」でした。女性の名前に「子」がつくというパターンは近代化の過程で定着したものであり、それがすたれる二〇世紀末まで半世紀以上にわたって、「子」は「女性」であることを示すポピュラーな記号でありつづけました。逆に、男性の名は「郎」「彦」「男」といった男性性を示す漢字で終わることが多く、性別はパターン化された形で名前に埋めこまれていたわけです。

多くの名前をもちよってながめていると、使用される漢字の違いや音の違いなどにも気がつきます。たとえば、女性の名前には花や美しさに関係した漢字が多く、男性の名前には強さやたくましさに通じる漢字が多い。「優」のように男女ともによく用いられる漢字もあるが、同じ「優」でも、男性には「優れている」という意味を、女性には「優しい」という意味を託しているのではないか。漢字だけでなく、名前を口にしてみると、女性の名前の方がやわらかい響きをもつものが多い。音の響きに重点をおいたと考えられるカタカナの名前も女性に多い。また、「一」「二」「三」や「太」「次」などの順序

固定的性別役割分担意識
（夫は外で働き、妻は家庭を守るべきである）

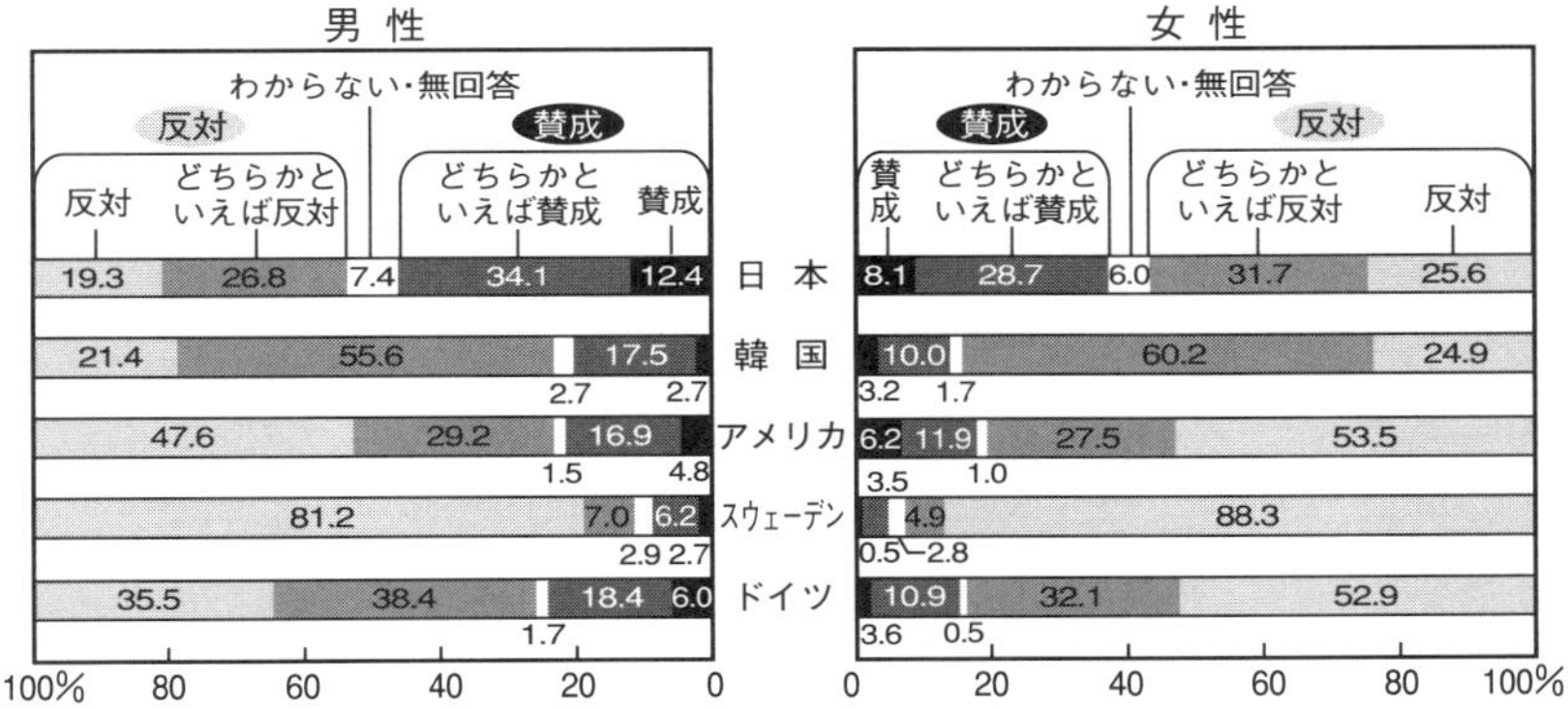

備考）内閣府「男女共同参画社会に関する国際比較調査」（平成15年6月）、「男女共同参画社会に関する世論調査」（平成14年7月）より作成。
出典）『男女共同参画社会の実現を目指して』（内閣府男女共同参画局、2004）

（「家」を継ぐ順序との関連）をあらわす漢字が含まれているのは、男性の名前に多い。「女」・「男」への社会的期待と文化的意味づけの違いが、さまざまな形で名前の中にあらわれています。

女の子の育て方と男の子の育て方

名前にみられる性別の特徴は、若い世代で変化しつつあるようです。親から男児・女児に向けられる期待のありようにも変化があるのでしょうか。

現在、女児よりも男児の誕生を待ち望む風潮は弱まってきています。その背景には、男系によって「家」を継ぐという感覚がうすれてきたことがあると考えられます。「女は家庭、男は仕事」といった性別役割分担意識もかわりつつあります。内閣府（総理府）の世論調査では、調査の度に性別役割の固定化に反対する意見がふえています。この一〇年、二〇年で人々の意識は大きく変化しており、若い世代になるほど男女の役割を固定的に考える人たちは少なくなる傾向がみられます。現在の二〇代、三〇代の六割近くが「夫は外で働き、妻は家を守るべきである」という考え方に「反対／どちらかといえば反対」と答えているのです（内閣府「男女共同参画社会に関する世論調査」二〇〇四年一一月）。

しかしながら、自分の子どもにどの程度の教育を受けさせたいかということになると、子どもの性別によって大きな違いがみられます。二〇〇二年に小学生・中学生の保護者一万人近くを対象に実施された第二回子育て生活基本調査（ベネッセ・コーポレーション）では、「大学まで進学させたい」という保護者の割合は、子どもが男子の場合七割にのぼるのに対して、女の子の場合は五割弱にとどまります。

実際の進学率は、四年制大学への進学率は女子が三四・四％、男子が四七・八％（二〇〇三年度学校基本調査）となっています。女子の進学率が近年大きく伸びているとはいえ、まだまだ男子との格差はあります。こうした進学率の差は、男女の生来的な差というよりも、周囲の期待、社会的状況によって生じていると考えることができるでしょう。

女の子と男の子は、その性別によって異なる期待を受けています。そうした現象は家庭の中だけではなく、学校の中でも起こっています。

「隠されたカリキュラム」としての名簿

「隠されたカリキュラム（hidden curriculum）」という概念があります。学校は、国語や理科といった教科内容を教えるだけではなく、のぞましいとされる行動様式や価値観なども子どもたちに伝達しています。通常「カリキュラム」といえば前者を思い浮かべますが、後者もまた、どこにも明文化されているわけではないけれども、学校の組織・慣習・文化の中に体系的に組み込まれた「隠されたカリキュラム」として考えることができます。

学校教育には多様な個性を「男らしさ・女らしさ」の枠組みの中に閉じ込めてしまうような「隠されたカリキュラム」が存在するのではないか、という問いかけが生まれています。学校ほど男女平等な場はないと思っている人は少なくないのですが（社会生活のその他の場面と比較すると実際にそうだと言ってよいかもしれません）、ジェンダーと教育をめぐる研究や実践は、学校で機能している男女分化のメカニズムを描き出す努力を蓄積してきました。子どもたちは、家庭やマスメディアによってあらかじめジェンダーを学んでいますが、学校では、公的な権威を帯びた教師の統制と組織だった集団行動を通じて、男の子にふさわしい行動や女の子らしい考え方について「訓練」を受けることになります。

「訓練」という言葉は、おおげさに聞こえるでしょうか。「隠されたカリキュラム」という概念は、たとえば遅刻に関する規律や教育実践が、近代社会のもとめるパンクチュアルな（時間に正確な）労働者をつくりあげるために必要不可欠な「訓練」であると指摘する文脈から誕生しました。遅刻や服装に関する統制は、学校教育が成熟した現代では学校文化の中で自己目的化していますから、その社会的機能など日常的にはあまり意識されることはありません。今の学校が何を「訓練」しているのかということは、百年前の人間の方が認識しやすいかもしれません。現代社会の中にどっぷりつかって生活している私たちにはかえって見えにくい「隠されたもの」なのです。

学校の「隠されたカリキュラム」の一つとして、男女別男子優先名簿が問題視され、男女混合名簿が全国にひろがってきています。しかし、名簿なんてささいなこと、それが差別だとは考えすぎではないか、という意見も聞かれます。男と女は異なる存在だから、分けることは自然なのだという考え方もあります。男女別男子優先の名簿で小学校・中学校・高校と育った私も、その当時には特に疑問をもっていませんでした。当たり前のことだと思っていました。

中国からの留学生が体験した「不可思議」

先日、中国から来ている留学生の女性二人が、日本で出会った男女別男子優先名簿にどれほど驚いたかという話をしてくれました。彼女たちが「それ」に出会ったのは、日本に来て最初に入学した日本語学校でした。名簿といっても、男女二人ずつの中国人留学生によるわずか四人の名簿です。ぱっと渡された名簿には、男性二人が先で、女性二人が後に並んでいたそうです。女性二人は、すぐに違和感をおぼえました。

これは何の順番？　どうしてこんな風に分れているの？

ともかく最初は、頭の中に「？」が乱れ飛んだとのこと。中国では名簿というものは男女混合で漢字の画数が少ない順に並んでいるのが普通なので、まずは画数を見たそうです。が、この名簿は画数を基準にしているわけではない。出身地域で分けられているわけでもない。並び方の基準は不明なままだが、ともかく性別で分けられ、男性が優先的なカテゴリーとして扱われていることだけはわかった。その時二人は大変に不愉快な気持ちを抱いたと語ってくれました。

学校で男女別男子優先名簿が多用されている国は、日本を含めてきわめて少数です。男女別に区別することが少ない学校文化に慣れ親しんでいる人々の目からみると、日本の男女別男子優先名簿は不可思議なものなのです。たった四人の名簿でも、女性だからという理由だけで後ろに回されるのは、不快な経験なのです。彼女たちの憤激に満ちた語り口から、私は改めて名簿はささいなことではないのだと思いました。

名簿はささいなことじゃない

「名簿なんてどちらが先だろうが、たいしたことではない」。

まだ混合名簿が現在ほど広がっていなかった頃、それぞれの学校で混合名簿を導入しようという提案が最初に出された際、ずいぶんと反対意見がでたものです。特に、前記のような反論が出ることが多かったと聞きます。それに対して「たいしたことではないのであれば、混合にしてみたら」という意見、「たいしたことではないとしても、男女別になっていないと何かと不便ではないか」という意見など、議論が積み重ねられてきました。保健体育などに関して男女別に分けておく便宜が問題になった時には、「では、男女を分けるのはそのままにするとして、女子を先にしてみるのはどうでしょう」といった案が出されると、「たいしたことではない」「便宜上男女別が必要」と混合化に反対していた先生が「いや、それはおかしい」と強い違和感を表明する場面があったといいます。「なんで名簿ごときにこだわるんだ！」と声を荒げて従来の名簿に「こだわる」という戯画的な様相を呈することもめずらしくなかったのです。「たいしたことではない」ようにみえても、男女の順番の逆転に違和感があるとするならば、男子優先には軽視できない意味がこめられていると考える方が妥当でしょう。

とはいえ、実際に「名簿なんてどちらが先でもいい」という声は、女の子の中から挙がってくることもあります。しかし、一方で、混合名簿を実施した学校での調査では、「名簿の順番が後なのは、何だか身分が低いみたいで嫌だった」という女の子の声がちゃんと出てきます。逆に「女の後に並ぶのは嫌だ」という男の子の率直な意見も出てくるのです（木村涼子『学校文化とジェンダー』勁草書房、一九九九）。

小学校・中学校・高校と男女別名簿に慣れ親しんできたものの、社会に出て、あるいは大学に進学して、男女混合の名簿やＩＤ番号に遭遇して、名簿は必ずしも男女別ではないのだということに気づく経験をする人は多いものです。男女を分けて男性を先に並べるような名簿には、小・中・高の学校以外の場ではなかなかお目にかかることができません。では、どうして学校だけが特殊な名簿をつかっているのでしょうか。

六〇年前までの男女別教育システム

明治時代の教育史料を探索していて、小学校が残した記録の中に児童名簿（／学籍簿）に類したものを見つけたことがあります。戦前は、小学校では一部例外がみとめられていたとはいえ、すべての学校で男女別学が原則でしたから、私が見た小学校の記録でも、男子のクラスと女子のクラスは分かれていました。当然のことながら、男子の名簿と女子の名簿は別個に作成されています。そして、並列して扱う必要がある時には、男子の名簿が先に記載され、女子の名簿はその後になっていました。

戦前の学校教育システムは、男女別学であるだけでなく、初等教育（小学校）より上の教育段階では学校種別も男女で分れていました。戦前の学校システムはいわゆる複線型で、その他にもさまざまな学校種別が存在しましたが、ここでは、男子と女子の「メインストリーム」とされていた進学コースだけとりあげてみていきます。小学校を出てさらに進学する場合は、女子は高等女学校へ、男子は中学校へ進学します。高等女学校と中学校は、いずれも中等教育機関ですが、カリキュラムも修学年数も異なるまったく別タイプの学校だったのです。女子が中学校に（あるいは男子が高等女学校に）進学することはできません。男子の場合は、高等学校や大学などの進学先がさらに用意されていましたが、それらは女子には門戸を閉ざしていました。

「隠されたカリキュラム」について先にふれましたが、戦前の学校教育においては、男女を区別して分化させる教育は「隠される」ことなく公に制度化されていたわけです。男女を分けるというだけでなく、進学できる学校類型のありかたやカリキュラムをみると、教育対象として男子を優先していたことは明らかです。

戦後、男女共学・男女平等を掲げて新制の学校教育はスタートしましたが、そのベースに、すみずみまで徹底された男女別・男子優先の学校教育システムがあったことを考えれば、その名残として男女別名簿が残されていても不思議ではありません。もちろん、それは単なる残滓ではなく、今日的な意味ももっているわけですが、学校の男女別男子優先名簿がそれほど違和感をもたれずに受け入れられてきたのは、学校がかつて男女分離と男子優先を重視した領域だったからではないかと考えられます。

名簿という装置

混合名簿がひろがった近年では、「男らしさ・女らしさ」の「健全」な育成のために混合名簿は望ましくない、名簿でも男女は明確に区別すべきであるという主張があらためてなされています。男子優先がいけないのであれば、女子優先名簿でもよい、小さい頃から「レディ・ファースト」の慣習を教えるのもいいことだとの意見すらあるようです。

「レディ・ファースト」を学校で教えるという発想には苦笑せざるを得ないのですが、こうした主張は、先にみたような「名簿はささいなこと」とする意見よりは、実は筋が通っています。学校の名簿を男女別にするということは、男子と女子を異なる教育対象としてみなすということにどうしてもつながってしまうのです。「名簿の男女別は、男女の差異や不平等とは無関係」という主張は、「気分としてはわかる」のですが、何かをあいまいにした主張です。

そのことは、同じような例として、選挙人名簿のことを考えればわかってもらえるかと思います。戦前、女性は参政権を有していませんでした。基本的な政治参加の権利があたえられていなかったわけです。教育における不平等が制度化されていたこととパラレルです。婦人参政権が実現したのも戦後のことですから、その時はじめて男性だけでなく女性も「選挙人名簿」なるものに名を連ねることになったはずなのです。果たして最初の総選挙で使用された選挙人名簿がいかなるものであったのか、残念ながら私は知らないのですが、現在の選挙人名簿が男女混合であることはだれでも知り得ることです。もしそれが男女別で男子優先のものであると想像してみてください。地域ごとに男女別・男性優先で並べられた選挙人名簿は、さぞかし奇異に見えることだろうと思います。

名簿が何らかの市民権を表現する（学校の名簿は「学籍」すなわち学習権をもつものであることを示す）ものとして使用される場合、最も徹底した社会的排除は、まず名簿に記載しないという形であらわれます。

また、記載の形式――名前がどのように分類され序列化されるか――は、各人の社会的地位身分を明示しています。学校の職員名簿、企業の社員名簿などにみられる、職務上・雇用形態上のカテゴリーごとの序列化（通常権限が大きいものほど先に記載される）は明白です。

名前とは「私」はだれかを示す基本的な記号です。名簿は、名前という記号をもちいて、それぞれの「私」を何らかの基準でカテゴライズし一覧として表示するシンボリックな装置です。名簿においてどのように名前が記されるかということは、当該社会において「私」がどこに位置づけられるかを示しています。男女別男子優先名簿は、個々の「私」を性別で二分し、さらにはタテの序列の中に位置づけます。これまでは何となく見過ごされてきたものの、社会的な問題として認識された今、「私」はそのことに違和感をおぼえずにいられるのでしょうか。

3　名前と社会のさまざまな関係（小玉亮子）

名前と社会

名前について私も少し考えてみました。

私はアメリカで何かのサインをするとき、Ryoko Kodamaと自分の名前を書きます。日本語とちがって英語圏やヨーロッパでは姓があとで名が先にあることは、日本でもよく知られていることです。私はその慣用に従っているだけですが、この慣用に関して、かつて私は実はとてもはずかしい失敗をしたことがあります。以前、トリン・T・ミンハ（Trinh T. Minh-ha）の本を引用しながら論文を書いたときに、「ミンハは……」という形で文章を書きました。私は何の疑いもなく、ミンハが姓であると思ったからそのように書いたわけです。ところが、その論文が公刊されてしまったあとで、先輩からミンハが名でトリンが姓であることを指摘されました。もちろん、自分の無知が恥ずかしくてたまらなかったのですが、それ以上に、彼女が自分の出身国であるヴェトナムの表記を、アメリカで活躍しながらあえて堅持していることの意味を考えるとき、大変な非礼をしてしまったのだと心から申し訳なく思いました。

また、同じくアメリカの学者でベル・フックスというペンネームをもっている人がいますが、彼女もまた、慣例に従った名前の表記をしていません。彼女は、自分のペンネームをbell hooksと表記しています。黒人女性である彼女はあえて、大文字を使わないのだそうです。

ヴェトナム出身であったり黒人であったりする彼女たちは、アメリカ社会のなかではマイノリティとして生きているわけですが、しかし、公的に発言する場を獲得した人たちでもあります。その彼女たちが、慣例に従わない名前をあえて使うのは、彼女たちの明確な意思表明です。慣例は、その社会の秩序を示すものの一つです。彼女たちは、自分の名前の表記をアメリカ社会の慣例に従わせないことで、当該社会秩序のあり方にくみしないこと、端的にいえば異議の申し立てをしているといえましょう。

そう考えると個人の名前というのは、人格の固有性を識別する名称と考えられていますが、そうではなく、社会関係の中に配列、分類するという役割を持ち続けているという指摘（出口顕『名前のアルケオロジー』紀伊國屋書店、一九九五）は、大変重要であると思います。すなわち、名前はその名前の持ち主が、その社会秩序、あるいは社会の持つ権力関係の網の目の中のどこに配置されているかを示すものであるということもできるのです。だからこそ、彼女たちは、慣例から外れた名前を表記することで、社会の既存の権力関係に異議申し立てをしているのだと思います。

男の子の名前、女の子の名前

といっても、彼女たちの戦略はまったく同じではありません。トリンは本名ですが、フックスはペンネームです。ペンネームや芸名等といったものは自分で決めることが多いでしょうし、もし他人が決めるとしても、それを承認する自分の意志が関与します。ところが、本名は、自分の名前という自分にかかわる重大なものであるにもかかわらず、自分の意志がまったく関与しないところで決まります。自分の意志とは無関係に決定されてしまう、本名はそういうものとしてあります。

それでは、現在、日本で本名はどのように決められているのでしょうか。前章でも男女の名前のちがいが指摘されていますが、最近のデータをみてみましょう。

「1位は男子『蓮』、女子『さくら』『美咲』　〇四年生まれの名前」。これは、恒例の名前調査の二〇〇四年の結果についての記事（朝日新聞二〇〇四年一二月一七日）ですが、それによると「〇四年に生まれた子供の名前で、一番多かったのは男の子が『蓮（れん）』くん、女の子は『さくら』、『美咲』ちゃんだった。明治安田生命保険が調べたもので、男子は自然にちなみ雄大さをイメージした名前が人気。女子はかわいらしさを感じさせる花にちなんだものが多い」のだそうです。

この他、この調査で男の子に多い名前には、颯太、翔太、拓海など、女の子に多い名前には、凛、陽菜、七海などがあったそうです。これらをみても、やはり男の子の名前には、逞しさや大きさが連想されますし、女の子の名前からは、かわいらしさを感じ取れるものが多いように思います。もっとも、なかには男の子か女の子かはっきりわからない名前もありますが、上記のような名前は、たいてい男の子か女の子かどちらかを識別できます。

そういう名前がつけられる赤ちゃんはどうかというと、産婦人科の病院のガラス窓越しに並んでいる赤ちゃんたちの顔をみただけでは、彼らの性別はほとんどわかりません。大人に対しては、初めて会った人が男性か女性か、現在でもあまり間違えることはありませんが、赤ちゃんはそうはいきません。ところが、町の中でお母さんに抱かれている赤ちゃんをみるとき私たちはたいていその赤ちゃんが男の子か女の子か言い当てることができます。というのも、赤ちゃんはピンク系か青系のどちらかのベビー服を着ていることが多いからです。もちろん、白や黄色のものもありますから、赤ちゃんの性別が服を見ただけではわからないこともないわけではありません。そういうときには、「女の子ですか?」と言うのが無難だと教えられたことがありますが（笑）。

それはともかく、ここで注目したいのは、赤ちゃんは一見して性差がわかるわけではありませんが、私たちは、赤ちゃんに性差を明示する服を着せて、性差を明示する名前で呼びかけているということです。このような状況を考えてみると、赤ちゃんたちは、自分たちの意志とは無関係に名前を与えられ、生まれるやいなや社会のもつ秩序（性別秩序）の中に位置づけられていくといっていいでしょう。

二つの物語から

さて、それでは、自分で決定するのではない、他者によって名づけられるということについて、もう少し別の角度から考えてみましょう。

日本の作品としてアカデミー賞の一つをとったことで私たちの記憶に新しい宮崎駿監督のアニメ映画「千と千尋の神隠し」では、名前が重要なテーマになっていたことはご存知の方も多いかと思います。

宮崎駿作『千と千尋の神隠し』2巻（徳間書店）より

この映画のストーリーは、両親とともに異世界に迷い込んだ主人公の一〇歳の少女、千尋が生き延びて、豚になった両親を救うために神様の湯屋で働くというものです。働くにあたって、千尋は湯屋の経営者である湯婆婆と労使契約を結ぶことになりますが、契約書に書かれた千尋の名前をみた湯婆婆は、こう言います。

湯婆婆「ふん、千尋というのかい。贅沢な名だね。」

千尋「……」

湯婆婆「いまから、おまえの名は千《せん》だ。」

「いいかい、千だよ。わかったら、返事をするんだ、千!」。

こうして、千尋は自分の名前を奪われ、千として働き始めることになります。千は自分の力で働き、勇気をもって困難に立ち向かい、最後には、自分の力で千尋にもどります。

この物語のなかで、「名前を奪われる」のは主人公だけではありません。主人公の味方となって力を貸す少年ハクもまた、名前を奪われていたことが、物語のなかで明らかにされています。少年ハクは、千尋を助け、みまもる存在ですが、最後には、千尋によって自分の「ほんとうの名」を取り戻すことになります。

こうして、名前を奪われ、それを取り戻す、ということがこの物語の主題となっていますが、ここでは、奪われることではなく、視点をずらして「名前を与える」ということの意味を考えてみたいと思います。主人公の千尋は名前を奪われると同時に千という名を与えられたとき、名前を与えた湯婆婆の支配下に位置づけられます。名前が与えられることで、その世界における位置が与えられる。その世界において承認される。そして、名前が与えられることで、名前を与えたものの支配下に入る。支配‐被支配の社会秩序の中に組み入れられるといってもいいでしょう。こう考えると、この映画では名前を与えるものと与えられるものの関係を、とても明確に描いていると思います。

実は、宮崎駿監督の別の作品で、名前を与えることについておなじような構図が描かれているものが他にもあります。それは、『風の谷のナウシカ』です。この物語は「火の七日間」と呼ばれる戦争によって人間たちの文明は滅びたのち、ほそぼそと生き残った人々の中に生まれ、さらにやってくる人類滅亡の危機を救おうとするナウシカという少女の物語です。七巻のマンガの原作には、映画にはない名を与えるシーンが登場します。千尋の場合とは違って、名前を与えられるのは、主人公のナウシカではありません。

　この期に及んで争いをくりかえしている人間たちによる最終的な破滅に直面して、なお、ナウシカは人々を救う道を探します。かつて文明を滅ぼしたのが、巨神兵と呼ばれる兵器の一つだったのですが、ナウシカが危機に直面するストーリーの最後に、この巨神兵の一つが長い時代を経て、何もかも忘れてまるで生まれたての赤ん坊のようによみがえる場面があります。巨神兵のあらたな覚醒に立ち会うナウシカは、次のように語りかけます。

宮崎駿作『風の谷のナウシカ』7巻（徳間書店、1995）より

ナウシカ「私のいいつけを守って立派な人になりますか」
巨神兵　「ナル　リッパナヒトニナル」
ナウシカ「ではあなたに名前をあげます　私は風の谷の族長ジルの子ナウシカ　そなたはナウシカの子　オーマ」

　こうして、ナウシカに名前を与えられることよって、巨神兵はナウシカの世界における社会的位置と役割を与えられることになります。この後、巨神兵は、ナウシカの指示に従って、人類の最終的な破局を避けるべく行動していきます。

湯屋を支配する湯婆婆と、人類の救世主たるナウシカと、それぞれのストーリーの中で置かれた位置はまったく違います。しかし、湯婆婆と千の関係、ナウシカと巨神兵との関係は、名前を与えるものと名前を与えられるものの関係であるという点でおなじです。そして、そこには、やはり指示するものと従うものの関係があることが明らかになっていると思います。

名づけられるということ

二つの物語によって示唆されることとは、「名前を与える」側と「名前を与えられる」側が対等ではないという点です。別の言葉をつかうならば、そこには、当該社会の秩序を示すものと秩序に従うものの関係があるということもできるのではないかと考えられます。そして、私たちの日常生活のコンテクストにおいては、この関係が、親子関係と重なり合うことに注目したいと思っています。

現在では子どもの名づけについては、「子どもの名前は親の最初の愛情表現」というような言説がみられるように、親のわが子への思いを託すものとみなされています。また、子どもの名前は、ほぼ両親または、父親ないし母親が決定しているといってもいいでしょう。とはいえ、古くからそれは親によって独占されていたわけではありません。少し前の世代では、祖父母や親類、あるいはお坊さんといった地域の尊敬されている人が子どもの名前をつけることは珍しくなかったですし、制度としての名づけ親もありました。名づけ親という制度は、親子関係以外の擬似親子関係をむすぶことによって、子どもを取り巻く環境が複数化される契機になっていたともいえます。子どもが社会の秩序に組み込まれるにあたって、親以外のルートが保障されていたといってもいいでしょう。ところが、現在では子どもに名前を与えるのは、もっぱら親です。つまり、子どもを社会に結びつけるルートは、子どもの人生の始まりにおいて、親だけが独占しているわけです。

ニーチェは、「これはこれこれである」と名前を与えることは、それを「占有」してしまうことだと述べました（ニーチェ『道徳の系譜』岩波書店、一九四〇）。そういえば、ちいさな子どもは自分のぬいぐるみに名前をつけます。そのことによって、親のものでも兄弟のものでもなく、それが自分の占有物であることを主張しているのです。

先に、名前をつけることは秩序を示すものと秩序に従うものの関係を生じさせることだと論じましたが、ニーチェの言葉に従うならば、あるものに名前を与えるという行為は、そのものを自らの占有下におくことと同じ意味となります。そうだとすれば、名前を与えるものと名前を与えられるものの間には、すなわち、親と子の間には権力関係があると言えるのかもしれません。

4　スカートとズボンのなぞ（木村涼子）

子育てにおける権力関係

子どもが「女の子」「男の子」としてそだっていくプロセスには、親が大きな関わりをもっています。子どもに対して名前をつけることが、親がおこなう一種の権力行為だとするならば、その後につづく乳幼児期の子育ても、親が子に何かを強制する権力行為の連続ととらえることができます。

親は、幼い子どもに、食事を与え、眠ることができる環境をととのえ、さまざまなケアをおこないます。種々のケアの中で、ジェンダーに関わる判断が含まれやすいものとして、名前の次に服装の選択があります。名前は一人の人間の存在にかかわる基本的なことですが、身体をいかに装うかということもまた、日常生活上重要な意味をもっています。

私たちは子どもの頃、どんな服装をしていたでしょう。小学校にあがる前までは、親や祖父母など、まわりの大人が選んでくれたことが多かったはずです。お母さんやお父さんに手を引かれて歩いている子どもたちをながめると、外からは性別の身体的特徴がまだみられない幼児段階ですでに、服装や髪型にその性別が暗示されていることが多いことに気づきます。大人たちが、まずは子どもたちを「女」と「男」に二分して、それぞれにふさわしい服装を選んでいるのです。

幼い女の子とスカート

先日韓国に出かけた折に、韓国に住む日本人女性がおもしろいことを指摘してくれました。彼女は、韓国では日本のように幼児期の女の子に短いスカートをはかせることはない、と言います。韓国社会の方が幼い女の子に「女らしさ」を求めないということを意味しているわけではありません。儒教道徳が日本以上に尊重されているといわれる韓国です。幼い女の子にも、それは適応されます。いかに幼くとも、下着が見えるようなことは「女」として「はしたない」ことです。ただし、幼児に「女」としての行動のコントロールが十分にとれるはずはないので、動き回っている間に下着が見えてしまうようなことがないように、親はスカートをはかせない、というわけです。

日本でも女の子に「はしたない」行動を禁じる文化はありますが、親としてはあまりに「あられもない」ことにはならないよう注意しつつも、子どもだからと大目にみる風潮があります。また、現在の親世代は自分たちのセンスで子どもたちの服装を選ぶ気持ちが強くなっています。日本の親が自分の好みで子どもたちを着飾る時、女の子には色もデザインも「女の子らしい」、花やフリルのついたかわいいものを着せることが多く、ボトムスはやはりスカート、ということになるようです。

ヘアスタイルも幼いながらにフェミニンです。私が幼いころの女の子の髪型は、後ろ刈り上げのオカッパが基本でした。ピンとこない世代の方は、マンガ「サザエさん」のワカメちゃんの髪型を思い出してください。しかし、現代の女の子の髪型をみると、幼児期からロングヘアーもめずらしくありませんし、凝ったカットやパーマ、ヘアダイをほどこし、リボンやピンで華やかに仕上げてあります。「せっかく女の子ができたんだから、思いきりかわいい格好をさせたい」といったところでしょうか。

小学生はズボンをはくけれど……

しかし、小学生になって、子どもたちが自分で服装を選ぶことができるようになると、女の子たちも行動の自由がききやすいズボンをはくようになります。制服のない小学校がふえていますが、私服で登校する女の子たちの多くは自らズボンを選んでいるようです。もちろん地域や学校によって違いはあるでしょうが、私の住む大阪ではそういう傾向がはっきりと見られます。知人の小学校の先生方が、自分の学校で女の子のズボン・スカートの着用率をそれぞれ調べ、みんなで持ち寄ったところ、日常の印象以上にズボンが多く驚いておられたことがありました。

ちなみにみなさんも一度身近な小学生の服装を観察してみてください。スカート姿の女の子は案外と少なくありませんか。スカートの良さもありますが、動き回りたい子どもたちにはズボンの方が快適だということなのでしょう。私が子どもの頃は制服であれ私服であれスカートが多く、スカートだと遊んでいて下着がみえてしまうので、やっかいだったという記憶があります。「スカートめくり」が小学生の日常生活にみられる定番的いたずら（現代の概念をつかえば、さしずめ小学生版「セクシュアル・ハラスメント」といえましょう）であった時代です。何がおもしろくて男の子は「スカートめくり」をしたがったのか不思議ですが、小さい時から男の子はスカートの中を見たがる、女の子はその攻撃から身を守る（反撃したりもしていましたが）という構図があったわけです。「スカートめくり」あたりで子どもたちはセクシュアリティに関する男女の非対称性をはじめて身をもって体験するといってもいいでしょう。「スカートめくり」されるのが嫌だったら、女の子もズボンをはけばよい、というところですが、当時女の子の服には今ほどバリエーションがありませんでした。ズボンが多い現代では、「スカートめくり」というイたずらも成立しづらくなっていることでしょう。

そんな女の子たちも、ある年齢に達すると再びスカートをはくようになります。中学校入学です。日本の中学校のほとんどが〈男子はズボン・女子はスカート〉の制服をさだめています。小学生の頃は、スカートをはくかズボンをはくかを自分で選択できていた女の子たちも、中学校に入学するとともにかくスカートをはかなければなりません。高等学校になると中学校よりは私服の学校がふえますが、大勢としては類似の状況がつづきます。

制服の歴史

女性にスカート、男性にズボンをわりあてる制服制度の歴史をひもといてみましょう（詳しくは苅谷剛彦・濱名陽子・木村涼子・酒井朗共著『教育の社会学』有斐閣、二〇〇〇）。

一八七二年の学制発布によって近代的な学校教育制度がスタートしますが、制服という制度が最初からあったわけではありません。初等教育機関における制服制度の本格的導入は第二次世界大戦後のことですが、中等教育・高等教育機関では明治中期から大正期にかけて制服が制度化されていきます。戦前、制服制度が中等教育・高等教育機関にほぼかぎられていた事実は、それが一種の「選ばれた存在」であることを表象するものとして機能していたことを意味しています。だからこそ、学校制服はさまざまな憧憬のシンボルともなりました。

洋装制服の導入は、まず男子学生を対象としてはじまります。男性向け制服のモデルとされたのは軍服であり、一八八〇年代後半以降軍服を模した黒色詰め襟・金ボタンの「学生服」が定着していきます。軍服がモデルとなったのは、当時の学校が軍隊生活に代表されるような集団的な規律行動へのコミットを重視していたからだといわれます。

女子の場合は、男子より遅れた歩みを示しています。和装と洋装の間でいくどか変遷した後、改良着袴姿がいわゆる女学生スタイルとして一旦定着するものの、その後海軍服からセーラー服が考案されます。セーラー服は、女子の体操教育に注目があつまる過程で生まれました。欧米をモデルとして女子の体操着が改良されるのと前後して、セーラー服の上着にスカートという学校制服を採用する女学校がふえていったのです。一九三〇年代には、ほとんどの女学校で洋装制服が制度化されています。

最終的には男女ともに洋装制服が定着するわけですが、そのスタイルには大きな違いがありました。男性の制服は活動的かつ剛健なデザインであるのに対して、セーラー服は海軍服がモデルとはいえ、それをかなりソフトにアレンジしたものでした。胸元で揺れるリボン、風にはためく広い襟、身体の動きに応じて波打つスカート……。

こうした制服の定着過程は、立身出世をめざす男子のための教育と、良妻賢母になるべき女子のための教育へと、中等教育システムが男女別で確立するプロセスとシンクロしています。

男女別の学校制服は、社会が期待する〈男〉と〈女〉を目に見える形で制度化したものだったといえるでしょう。現在では戦前そのままの男子の詰襟・女子のセーラー服は少なくなりましたが、〈剛〉と〈柔〉という対比は今もある程度引き継がれています。

六年間だけの全員スカート姿の奇異

さて、高校を卒業して制服を脱した後は、男性も女性も自分で服装を選択する自由をとりもどします。ふたたび自分で選ぶことができるようになった女性は、スカートだけでなくズボンも愛用するようになります。個々の好みによって、あるいはＴＰＯによって使い分けます。今、街をゆく大人の女性の多くはパンツ（ズボン）姿です。これまた懐古調になってしまいますが、老いも若きもこれほど多くの女性がジーンズ・パンツを着用している光景は、かつては見られないことでした。

こうしてみると、女性にはそのライフステージ上でほぼ全員がスカートを強制される時期が数年間だけあるという事実が浮かび上がってきます。これは何とも奇妙な現象です。女性はスカートが当たり前であった時代にはそれほど不思議ではなかったことも、女性のパンツ（ズボン）姿がめずらしくない現代だからこそ、とりのこされた孤島のようにスカート制服が目立ってしまいます。

女性にスカート着用を強制する場としては、学校だけでなく、制服のある事務職・専門職の職場も挙げられます。勤務中はスカートの制服を着ていても、勤務が終って職場を出るときにはパンツ姿の私服に着替える女性が多いと思われます。これだけ女性の服装が多様化する中で、制服という枠組みにおいては「女性はスカート」という規範が頑固に生き残っているのは、興味深いことです。スカート制服は、「公的」な場面で維持されようとしている女性性の記号なのです。女性のスカート制服姿は男性の性的ファンタジーの題材となりやすいことはよく知られています。それは、スカート制服が表面上セクシュアリティとは切り離されている場で女性性を意識させる機能をもつことを示唆しています。「神聖」とされる学校・職場ではセクシュアリティは抑圧される、その抑圧によって蓄積されたエネルギーが性的欲望の噴出に転換する時、「女性のスカート制服」が触媒として利用されるわけです。学校も職場も、女性に性的存在であることを禁じる一方で、セクシュアリティとむすびつかざるを得ない女性性の記号を強制するという矛盾した磁場になっています。

服装は、名前と同じくアイデンティティに関わる事柄です。「私は何者か」を日々自他に提示するメディアです。いわゆる思春期とよばれる多感な時期に、学校が女性のみ必ずスカートをはかねばならないという「掟」を課すことは、男女のパーソナリティ形成に何らかの影響を及ぼしているに違いありません。昨今は「女子高校生」や「女子中学生」イメージが性的な意味をつよめており、実際少女たちはパーソナルに、あるいは性風俗産業に関わる形で「性」を取引する市場に参入しつつあります。そうした状況下での制服の強制は、「非性的な存在」と「性的な存在」に少女たちを引き裂く結果をもたらしているといえるでしょう。

男性とスカート

ひるがえって男性の場合を考えると、彼らは生涯を通してスカートをはくことがほとんどありません。私服でもズボン、制服でもズボンですから、ズボンかスカートかという点だけでいえば、私服も制服も違いがない。けれども、制服という一種類の服装を強いられ、自分の選択が許されないということでは、制服制度の多い中学校・高校時代は男子にとっても特別な時期にあたります。男女共に学校という場に内在する権力関係の中で、教育的配慮の下に自由を制限されているわけです。

別の観点から男性のズボンを見直すと、自由に選択できるはずの場面でもズボンしかはかないということは、社会全体が生涯にわたって男性にそれを強いていると考えることもできます。一九八〇年代は、デザイナーの個性を前面に押し出した新興のＤＣ（デザイナー&キャラクター）ブランドが若い世代のファッションをリードした時代でしたが、当時いくつかのブランドがメンズ・ファッションとしてスカートを発表しました。有名デザイナーのコレクションで長身の男性モデルが颯爽とスカート姿を披露し、商品化されたメンズのスカートは日本でも販売されました。当時街中でそうしたスカートをはいて闊歩する男性をみかけることがあったものです。ＤＣブランド・ブームにはメンズとレディースの従来の垣根を越えようとする方向性が含まれていましたから、メンズ・スカートの登場も当然の帰結でした。ＤＣブランド・ブーム後、メンズ・ライクなレディース・ファッション、レディースの華やかな彩りや装飾をとりいれたメンズ・ファッションの流れは定着していきましたが、メンズのスカートだけはあっけなく消えていきます。

本当はスカートをはきたいのにはけないと思っている男性は確実に存在します。しかし、数の上でいえばまだまだ少数派であることも確かです。では、なぜ多くの男性はスカートをはきたいと思わないのでしょうか。女性はこれだけスカートとズボンの両方を楽しんでいるのに。

ある中学校の先生は「それは、スカートが劣位の服装だからだ」と喝破し、私は「なるほど」と思いました。封建時代には、身分制度はあらゆる面でシステム化されており、服装や髪型は身分や社会的立場でこまかく区別されていました。服装が「何者であるか」を示す機能をもっている以上、現代社会でも一種の序列意識が服装に反映している可能性は否定できません。また他に、私たちが素朴に思いつく理由としては、男性に期待される「男らしさ」が、スカートという服装にまとわりつく「女」のセクシュアリティと相容れないという拒否反応でしょう。その拒否反応は各個人の内面のレベルだけでなく、社会的な規範として私たちを束縛しています。

「ズボンは男がはくもの」であった時代にズボンを履こうとした女性は、社会的な制裁を受けてきました。それは大昔の歴史的出来事ではありません。少し前まで女性のパンツ（ズボン）・スタイルは文脈によっては社会的規制の対象でした。現在でもあらたまった場では女性はスカートの方がのぞましいとの風習は残っています。

やや風変わりなエピソードをご紹介しましょう。私が大学に進学したのは一九八〇年でしたが、その大学で少し前に「P先生事件」とよばれる事件が起こっていました。新聞でも盛んに報道され、当時は有名な事件でした。事件のあらましはこうです。ある女子学生がP先生の授業にジーンズを着用して出席したところ、P先生は「ジーンズをはいた女性に教えることはできないから、教室から出なさい、授業を受けたければスカートをはいてきなさい」と告げ、彼女を教室から追い出しました。P先生は、「大学で授業を受ける女性」＝「レディ（lady）」にふさわしい服装はスカート姿である、との信条をもっていたのです。その後、学生たちがP先生に「学習権の侵害だ」と抗議し、多くの学生を巻き込んでの議論が起こりました。P先生の主張には、社会階層問題もふくまれており、ジーンズは「労働者階級」

の服装だからいけないといった発言も飛び出しました。「階級的にふさわしくない」発言は、さらに物議をかもしました。しかも「階級・階層」を理由にしつつ、彼は、男子学生がジーンズをはくことには

ワークシート

1 ズボンとスカート　それホント？クイズ！

Q1

右絵のように、イギリスのスコットランドでは、男性は正装としてキルトという巻きスカートを着ることになっている。

Q2

右の絵はトルコの男性の民族衣装シャルワールである。ズボンの始まりと言われているが、女性は着用を禁じられている。

Q3

100年ほど前、アメリカでは、女性が、右のイラストのような格好をして歩いていると、水をかけられたり、警察に追いかけられたりした。

Q4

1940年、北海道の根室女学校では、女子生徒たちの姿勢が悪く、欠席が多いのは、スカートで寒いからだと気がつき、日本ではじめてズボンの制服着用をすすめた。

ズボンとスカート それホントクイズ！のこたえ

Q1 ○

Q2 ×

シャルワール　イスラム文化圏で男女ともに着用するズボンをいう。ゆったりとした作りになっていて、動きやすい。足首は細くなって、砂埃などが入りにくくないっている。また、寒い時には中に木の葉やぼろくずを詰めて暖かくした。ズボンはそもそも草原の遊牧民たちが着用していたものであり、男性用の服装というより、馬に乗る人々の服装であったといえる。

Q3 ○

19世紀のアメリカのそれぞれの州では、ズボンをはいた女性の外出は「見るに耐えがたいもの」だから、厳重に禁止すべきだとする法律がつくられ、ズボンをはいた女性たちは、警察に追いまわされ、とらえられた。この絵は、アメリア・ブルーマーのつくったズボンスタイルである。女子体育で以前用いられていたブルーマは、彼女の名前とスタイルから取ったものである。

Q4 ○

1940年（昭和15年）、北海道の根室女学校では、寒さのために凍える女子生徒たちの姿勢が悪く、欠席率の高いことに気がつき、日本ではじめてズボンの制服着用をすすめた。

大阪府人権教育研究協議会男女共生教育専門委員会編『自分を生きる21』男女共生教育教材・実践集、大阪府人権教育研究協議会、2003、82～83ページより。

許容的だったのです。さて、ではスカートをはいた男子学生が彼の授業を受講しようとしたら、P先生はどうしたでしょう。

「女っぽい」男性を嫌悪、忌避する文化は、私たちの社会に確実に存在します。学校や職場で「スカートをはいた男性」がすんなりと受け入れられるかといえば、残念ながら答えはNOでしょう。女性が「男らしい」服装であったはずのズボンをはきこなすようになってきたのと同じことが、男性とスカートの間に起こらないのはどうしてなのか。これは、実はジェンダーに重ねてセクシュアリティという、身体や性愛の現代的な在り方に深く関わる難問だと思います。

5 〈降りる〉ことの難しさ（小玉亮子）

降りたくないステイタス

いま、神奈川県では、少しですが公立中学でも制服を強制しない学校がではじめています。また、以前から高等学校では、制服を強制しない学校も全国にまったくなかったわけではありません。制服をやめるということは、生徒にとっては、自由と責任を学ぶ機会になるそうですが、興味深いのは、制服がなくなることが、生徒のみならず、教師にも影響を与えていることです。服装の規則がきびしかったときには、教師と生徒がむきあったときに、その服装はなんだ、という話から会話が始まったのだそうですが、服装に関する決まりがなくなると、そういったネガディブな会話が減っていくのだそうです。また、なにより興味深いのは、それまで、我が校の男子生徒、女子生徒としてみていた先生が、生徒の制服がなくなると、生徒一人一人の顔がみえるようになった、という話があるのです。

そして、生徒たちはといえば、自由化されたからといって、とんでもない服装をしてくるわけでもなく、自分の判断で服を着こなしているのだそうです。もうスカートではなくていいのですから、女の子たちの中にはGパンをはいてくる子どもたちもいるようです。しかし、ブレザーにスカートを組み合わせるといった制服を連想させるような服装をしてくる女の子が少なくないのだそうです。それは、まだ自由化し始めたばかりだからなのかもしれませんし、親の目、教師の目を意識しているのかもしれません。しかし、自由化した中学校で、彼女たちは少なからず制服的な服装を選んでくるのだそうです。

制服が売れる、ということが九〇年代に社会問題になったことは、みなさんの記憶に新しいと思います。当時、「女子高生」がブランドであるといわれましたが（宮台真司『制服少女たちの選択』講談社、一九九四）、今でも、制服を好んで着ている女子生徒は、それだけで、社会的に一つのステイタスを得ているという側面があります。制服によって与えられる現代社会のある種のステイタスから「降りたくない」。女子生徒たちの選択はそういう面を持っているともいえるでしょう。

他方で、スカートをはくという選択肢が男性にとって困難であるのは、男性にとっては、そのステイタスから降りたくない、あるいは、降りられないという側面もあるわけです。そこで、これにかかわる問題について考えてみたいと思います。

降りたくても降りられないとしたら、そこにひずみが出てくることは容易に想像できます。この「降りられない困難」については、特に、九〇年代以降、積極的に論じられるようになってきました。その問題性を指摘する男性学や男性運動とよばれるものが日本でもようやく活発になってきました。

降りられないことの困難

男らしさにかかわる困難が論じられるときに、まずとりあげられることが多いものの一つに、過労死や自殺という問題があります。もちろんそれらは男女ともにみられますが、男女比にすると、どちらも圧倒的に男性のほうが多いことはよく知られています。

特に、日本は、自殺率が高齢者層で多いことで有名でしたが、最近では、四〇～五〇歳代の男性の自殺者数が急上昇したことが、人々の注目を集めています。自殺の男女比は、もともと、男性が女性に比べて多いのですが、この四〇～五〇歳代の自殺にかんしては、その男女比がさらに大きくなってきています。この働き盛りの男性の自殺率の上昇は、現代の経済状況や社会状況の困難を象徴的にあらわしていると考えられています。

現在では中高年の自殺にスポットライトがあたっているせいか、青少年の自殺が話題になることは相対的に少ないようです。それでも、少し前、八〇年代後半から九〇年代前半にかけて、いじめ問題に焦点があたっていたときには、青少年の自殺が大きな社会問題として取り上げられていました。青少年、とくに一〇歳代の自殺率を男女比でみると、男の子の割合が多いのは他の年齢層と同じです。いじめ自殺が話題になったころ、新聞紙上をにぎわしたのは、男の子たちが多かったようです。

日本で、男性学の先駆的研究者の一人といえる伊藤公雄さんは、このような問題を「男らしさの〈縛り〉」によるものではないか、と考えています。そして、いじめ自殺が男の子に多いのにもかかわらず、実際にいじめ相談に電話をかけてくるのは女の子が圧倒的に多いことを指摘しながら、「『男はこうあるべきだ』という強い思い込みは影響していないだろうか。男の子たちは、幼児段階から『男は泣くな』という縛りがかかる。『男は弱みを見せてはならない』、『男は自分の感情を表に出してはならない』、『男は我慢できなければならない』といった〈男らしさ〉の縛りが、男の子たちを電話相談から遠ざけているということはないのだろうか」と問いかけてます（伊藤公雄『「男らしさ」という神話』日本放送出版協会、二〇〇三）。

確かに、『男の子は泣かない』（スー・アスキュー／キャロル・ロス、堀内かおる訳、金子書房、一九九七）と、期待されています。それは、物心がつく前から、ほんの赤ちゃんのころからはじまっています。私が、以前、男の子と女の子の両方の赤ちゃんがいる知り合いの家にあそびにいったときのこと、その家の若い父親は、泣き出した男の子の赤ちゃんに、「男の子なのに泣いたらおかしいでしょう」と声をかけていました。その父親は、同じく泣いている女の子の方にはこのような声をかけず、「どうしたの、よしよし」というばかりです。まだ、男女の見分けもつかない赤ちゃんたちに、若い父親が何の抵抗もなく男の子と女の子とそれぞれに異なる対応をしていたのを、見ていた私は少しおかしくなりましたが、しかし、このような状況は決して珍しいものではないと思いました。

物心がつくより早く「泣いてはだめだ」といって育てられ、弱音を吐くことを禁じられ、感情を抑制することが期待されてきたとすると、自分の苦しい状況をだれかに相談することに高いハードルができてしまうことはありうることだと思います。伊藤さんが指摘するように、そのことが女性に比べて高い男性の自殺率と何らかの関係がないとは言い切れないと思います。

多様なステイタス

求められる男らしさは、単一のものではありません。男らしさの内部に多様性があるということができます。近年の男らしさについての研究は、文化的違い、社会的違い、エスニシティや人種といった属性の違いによって男らしさに多様性があることを明らかにしてきました。子どもたちの世界での男らしさ内部の違いについて明らかにした古典的な研究に、ポール・ウィリスの『ハマータウンの野郎ども』（熊沢誠・山田潤訳、ちくま学芸文庫、一九九六）があります。そこでは、同じ中等学校の中で、卒業しすぐに就職する労働階級の子どもたちと、将来ホワイトカラーとなる二つのグループが、「野郎ども」と「耳穴っ子」と呼ばれて対照的に描かれています。軟弱な「耳穴っ子」に対して、「野郎ども」は、粗野であらあらしい男らしさを表現していくことで、学校的価値観に抵抗し、ときには反社会的行動をおこし、反学校の文化を作り出していきます。ウィリスは、「野郎ども」の文化が学校のはらむ問題性を見抜くという側面を持つものと指摘しますが、それは結局既存の社会体制を再生産してしまう、そういう仕組みとなっていることも明らかにしています。

ウィリスの研究は、イギリスにおける階級の相違による男らしさの多様性を明らかにしたものですが、アメリカのゲイル・ベーダーマンの歴史研究（Gail Bederman, *Manliness & Civilization*, the University of Chicago Press, 1994）は、二〇世紀への世紀転換期に人種という言説の成立をとおして、多様な男らしさに注目が集まり、現代につながる新たな男らしさが作り出されたことを議論したものです。一九世紀の白人たちに賞賛される男らしさは、自己を抑制し、道徳的にふるまう男らしさでしたが、一九世紀後半から、徐々に人種という概念に人々の注目が集まるにつれて、「文明的」男らしさに対比される「野性的」男らしさに着目されていくこと、そして、さらに、「野性的」な男らしさを含みこむ形で「文明的な」白人の男らしさが再構成されたことが示されました。この新たに構成された荒々しい男らしさを肯定する文明化された白人たちの男らしさ（マスキュリニティ）は、野蛮なだけの男らしさよりも優位に立つものとして再構成されました。

このような諸研究が明らかにすることは、男らしさの多様性は、横並びの多様性というより、優位にある男らしさと劣位にある男らしさという優劣の配置の中におかれたものであるということです。ただ、それらには共通点があります。それらはすべて、女性に対しての「男性の優越を軸に展開されている」と言ったのは、『ジェンダーと権力』（森重雄他訳、三交社、一九九三）を著したロバート・W・コンネルです。

ウィリスの描いた「野郎ども」は、最終的にホワイトカラーの下位に位置づく階級を構成することになるのですが、その彼らは、同じ階級に属する女性たちをより下位におくことで、自分の優位性を示そうとします。ベーダーマンのいう二〇世紀の新しい男らしさ（マスキュリニティ）は、二〇世紀に女らしさの価値が高まっていくことに抵抗し、それとの差異化をはかるために強調されたともいえると考えられています。

ステイタスを支える共犯関係

コンネルはまた、優位に立つ男らしさは、劣位の男らしさと女らしさを従属させることによって成立すると論じています。逆に言えば、劣位の男らしさとさらにその下に位置づく女らしさは自らが従属することによって、優位に立つ男らしさを作り出し、現在の性別秩序が維持されているということになります。

このような状況下で、自らの性的ステイタスから降りることはたいへんむずかしくなることは想像に難くありません。従って、男がスカートをはくことで、女性性を身につけることは、もっとも劣位にあるような男らしさのステイタスをも失うことを示すことになるわけですから、現状の社会においては、もうアイデンティティの危機といっていい状況を生み出すことになってしまいます。

多様な優位と劣位の軸が作り出す複雑な網の目の中にあって、男性も女性も、自らのステイタスから降りたくても降りられない、そして結果的にこのヒエラルヒーを支えてしまう。現在の性別秩序は男性と女性の共犯関係によって支えられている、といっていいのかもしれません。

6　ロマンスのしくみ（木村涼子）

シンデレラと王子の共犯関係？

シンデレラや白雪姫はだれもが知っているおとぎ話ですが、子どもたち（とりわけ少女）の夢とあこがれを誘う「かわいらしいお話」でありながら、「女」と「男」の〈共犯関係〉を露骨に描いた「みもふたもない話」でもあります。

シンデレラのように足が小さく（頑丈な足は粗野のしるし、中国で女性に求められた纏足風俗も想起されます）、白雪姫のように肌の色が白く（肌の色による人種差別を連想してしまいます）、従順で（自己主張が強くない）、そもそもは「出自も確かな」女性が、高い身分の男性にみそめられることによって窮地から救われ、社会的ステイタスを回復・獲得する物語。男性もまた、「男」のステイタスをおびやかす危険がない女性、階級的・階層的にもふさわしく、従順かつ美しい女性を妻とする（「所有」する）ことによって、自らの社会的ステイタスを堅固なものにすることができます。

こうした婚姻をつうじての社会階層の再生産はメルヘンの世界だけの話ではありません。現代社会において、頻繁に生じている現象です。各種の社会調査が、学歴や収入という社会経済的地位の似通った者同士によって婚姻関係が結ばれる傾向が存在することを示しています（盛山和夫編『日本の階層システム(4)ジェンダー・市場・家族』東京大学出版会、二〇〇〇。岡本英雄・直井道子編『女性と社会階層――現代日本の階層構造』東京大学出版会、一九九〇）。

社会科学の領域で、社会階層・階級構造の中に女性の地位をいかに位置づけるのかということは、難問の一つになっています。女性の社会経済的地位を測定するときに、未婚女性の場合はその父親の、既婚女性の場合はその夫の地位が、女性本人の地位を示すものとして扱われることもありました。一九八〇年代には女性本人がもつ固有の社会経済的地位というものはないのだろうかという観点から、論争がまき起こったほどでした。

「男」と「女」の〈共犯関係〉をささえる基本的な社会制度の一つが婚姻といえましょう。婚姻によって、性的ステイタスと階級的・階層的ステイタスが結合し、再生産されるわけです。

若者文化における少女の位置

前章で紹介されていた、ポール・ウィリスの『ハマータウンの野郎ども』は、労働者階級の少年たちを中心に、「男らしさ」と社会階層のからまりあいを浮き彫りにしたすばらしい研究ですが、実はこの本の中には少女たちの姿がほとんど描かれていません。一九八〇年代以降のイギリスにおけるカルチュラル・スタディーズの隆盛の中で、ウィリスにかぎらず、これまでのサブカルチャー研究は「少女」という存在を無視してきたのではないかという問題提起がなされていきます。そうした批判にもとづいて、主として女性研究者によって、少女とサブカルチャー研究が蓄積され、「少年」の世界と対になる「少女」の世界が解明されるようになっていきました。

少年たちによるカー・レースの応援のために集う少女たち。ダンスに夢中の少年たちと踊るために、着飾って街に出かける少女たち。研究者たちが少女文化に光りをあてた結果、少女のサブカルチャーは、少年のサブカルチャー空間で彼らのパートナーもしくはサポーターの役割を果たすという位置づけで発展することが多いとの指摘がされました（Angela McRobbie, *Feminism and Youth Culture*, Macmillan, 1992）。

これらの研究を読んだ時に、自分の思春期を思い出しました。小学校六年生の時にビートルズを知り（すでに解散後でしたが）、そこから英米のロック音楽にはまっておこづかいを貯めてはレコードを買いました。中学生の頃は、兄とおこづかいをあわせるとやっとLP（当時はCDなどありません……）一枚分の金額になるので、二人で毎月一枚ずつLPを買っていました。一カ月一枚ですから、たいていは購入したばかりの一枚を一カ月聞きつづけるのです。雑誌や本からお気に入りのバンドのメンバーチェンジやLP制作エピソードについての情報を仕入れたり、自分で歌詞を翻訳しなおしてみたりということでは、兄以上に私は熱心でした。

しかし、兄が本格的にバンドをやるというところまでいかなかったにせよ、自分でギターを弾き始めたのに対して、そのころの私はまったくの「消費者」でした。ロック音楽は聴くものであって、自分がそれをかなでる、つくりだす側に立つという発想をもつことはありませんでした。まだ女性のロック・ミュージシャンなどほとんどいない頃でしたからロールモデルもなく、私はただただ男性ミュージシャンの演奏活動を称える「ファン」という役割を果たすのみでした。少年が野球選手にあこがれて野球をはじめるのと同じく、ミュージシャンに憧れてギターをはじめることは可能なのに、私にはその選択肢が見えませんでした。少女である私は、あらかじめ排除されていたのです。その排除は内面化されてもいますから、自分では排除されていることに気づきもしません。

もちろん、スポーツでも音楽でも、少女も主体になれる分野はあります。少女が主体になれる分野があるといっても、少年が主体になれる分野の多さと比較すると、そこには非対称性が存在します。少年を排除する分野は、そもそも少年たちが関心をもたない分野です。「ファン」にすらならない。しかし、少女が関心を強くもち「ファン」役割も担っているが、主体としては招き入れられない分野はたくさんあります。

ロマンスの世界にようこそ

少女を主体として招き入れる広大な領野は、スポーツや音楽などの趣味活動とは別のレベルにひろがっています。ロマンスの世界です。

イギリスのアンジェラ・マクロビーは、大衆的な少女雑誌である『ジャッキー』を分析し、その誌面に男女のロマンティック・ラブ・イデオロギーがさまざまな形で織りこまれていることを分析しています。男の子に愛されることが、女の子の最高かつ唯一の幸福であり、成功です。だから、男の子に愛される女の子になりましょう。愛される女の子になるための方法を教えてあげます。そのように語りかける『ジャッキー』は、すべてが恋愛（しかもそれは異性愛に限定!）中心に回る世界観を読者に提示していました。『ジャッキー』の分析は、日本の少女マンガ、少女雑誌にもそのまま当てはまることだったといえるでしょう（A. McRobbie, ibid）。

少女マンガが隆盛をむかえた一九六〇～七〇年代、集英社・講談社・小学館などの出版社はそれぞれ人気漫画家をかかえて、彼女たち（若干男性漫画家もいましたが、ほとんどは女性）が描くロマンスが満載された漫画雑誌を毎週、毎月少女たちに届けました。学園もの・コメディ・歴史ロマン・推理ものとバラエティはあれど、少女マンガの主柱はラブストーリーという基本図式が高度経済成長期に確立され、修正がくわえられつつ現在まで維持されています。

子どもの頃から、スポーツ万能で秀才のかっこいい男の子に愛される話をくり返し読んでいると、頭の中は相当「改造」されてしまうものです。少女マンガに親しむと、男の子をみる目がちがってきます。身近で騒いでいる男の子の群れは、恋愛対象にふさわしいダイアモンドを発掘するための鉱山にみえてきます。小学校中学年あたりからクラスの中に「好きな男の子」を見つけだし、小学校高学年や中学生ともなれば「告白するか否か」で思い悩むようになります。少女マンガによってがっちりビルドインされたプログラムが頭の中で作動しているのです。

「お説教」をたたきこまれるのとは違って、快楽とともに内面化された価値観や世界観は、欲望を原動力として私たちの行動を方向づけます。少女マンガをはじめとするさまざまな大衆文化や仲間集団の文化によってロマンスへと方向づけられた少女たちは、一〇代から二〇代にかけての思春期・青春期のエネルギーの多くをみずからすすんでロマンティック・ラブ達成のためにささげます。

さらに性愛の世界へ

今は二一世紀。少女の世界は、ロマンティック・ラブで終りません。

マクロビーは、九〇年代後半以降のイギリスの新しい少女文化として、性愛をタブー視せずに取り上げるメディアに注目しています。その代表的なものが、挑発的に『モア！（もっと）』と名づけられた人気雑誌です。『モア！』は、ローティーン、ミドルティーンの少女読者を対象に、性に関する記事をふんだんに取り入れた誌面づくりをして、人気を呼びました。「良識」派から批判を浴びつつも、『モア！』は発行部数をのばし、新しいトレンドを確立したといいます（A・マクロビー「現代英国における女性性の文化の変容」、花田達朗、吉見俊哉、C・スパークス編『カルチュラル・スタディーズとの対話』新曜社、一九九九）。

日本の少女向けのマンガ、小説、雑誌においても、性にかかわるテーマや情報が増える傾向がみられます。かつての少女マンガや少女小説の世界は、愛の告白でハッピーエンドか、もう少しすすんだ場合も、抱擁とキスがクライマックスというところでした。しかしながら、今や一〇代の主人公たちがセックスする（するかもしれない／そのうちするだろう）状況が描かれることは決して珍しくありません。現在流通している少女マンガや少女向けの文庫小説から、高校生（場合によっては中学生）の男女（あるいは男同士）が教室や体育館、自室でセックスする場面を見つけだすことは容易です。私の印象では、少年同士の恋愛をあつかった、いわゆる「ボーイズ・ラブ」ものが性描写のフロンティアとなり、異性愛をテーマとしたマンガや小説がそれにつづくという現象が九〇年代に生じたのではないかという気がしています。

少年（青年男子）を対象にしたメディアはずっと以前から性行為や性愛への欲求を重要なテーマとして取り上げてきました。少年が経験する文化とは対照的に、少女向けの文化は性愛が封印された世界だったはずでした。しかし現在では、好きになった相手に性的な関心をもち行動にうつすことは、少年だけでなく少女にとっても自然な現象として想定されているようです。ただし、少年向けとくらべて少女向けのものに特徴的だと思われるのは、性愛がロマンティック・ラブといかに手を携えているかの描写に力がさかれるということです。

青少年の性行動の活発化

実際に一〇代の性行動が活発化しているということはよく指摘されています。日本性教育協会がおこなっている「青少年の性行動全国調査」によれば、中学生・高校生の性的行動は年を追うごとに増加しています（『若者の性白書――第5回青少年の性行動全国調査報告』財団法人日本性教育協会、二〇〇〇）。性的行動の増加傾向は男女に共通してみられ、高校生では約四割がすでにセックスを経験しています。

大学の授業で調査結果をとりあげたところ、それをみた女子学生たちの多くが口にしたのは、「思ったより値が低い」、「高校を卒業するまでにセックスを経験する比率は調査結果よりはるかに高くなるだろう」ということでした。彼女たちは、夏休み・クリスマス・バレンタインが、恋人たちにとって重要イベント期間であり、そうした行事ごとに経験率はあがっていくのだと説明してくれました。高校卒業が目の前となる高三の冬と受験が終った早春に最後のブームがやってきて、経験率はガンと跳ね上がるはずというのです。彼女たちによる経験率予測がどれほど現状を言い当てているのかはわかりませんが、現在の高校生の男女交際（という表現も古色蒼然としていますが）は、かつての大学生の恋愛スケジュールの前倒しになっているのだということはおぼろげながら理解できました。

高校生同士が交際する中で、性的な経験もふえている。つまり、少年たち、少女たちがともに、恋愛や性行動に積極的になっているわけです。

一見、男女の位置関係が均衡しつつあるように見えますが、先の調査報告書は、性行動が男女ともに活発化する一方で、性関係における男女の関係はあまり変化していないことを指摘しています。デートや性行動において「誘う」「要求」といったイニシアチブはあいかわらず男性がにぎっており、「男が能動的、女が受動的という、いわば伝統的なパターン」が主流だというのです。

性愛、性行動における男女の非対称の図式は、先に述べた最新の少女マンガや少女小説にもみられるものです。男性は概して強引かつ積極的で、ヒロインを性愛の世界に引きこむことに熱中します。そしてヒロインは、強引に「迫られる」という、自分に言い訳のきく文脈で、性的快楽の渦に巻き込まれていきます。

このような性描写は、目新しいものではありません。男性向けのセクシュアルなコミック・書籍・ビデオには、これまでくりかえし描かれてきたことです。前述したように、それが女性向けに描かれるときは、相手への恋愛感情、ロマンティック・ラブが不可欠の要素として登場します。かつて封印されていた性愛は、愛される幸福感を背景とした至福の快楽を約束するものとして、少女たちを過剰なまでに誘ってみせるのです。

ロマンティック・ラブと結婚

ロマンティック・ラブとその延長にある性は、少年・少女たちに対して、「精神」だけでなく、「身体」をも支配する大きな力を発揮しているようにみえます。

あたかも人間の宿命であるかのように、さからいがたい魅力をもった欲望として認識されるロマンティック・ラブ。これこそ、男女の近代的な「共犯関係」の基盤となるものです。先に、婚姻を社会的ステイタスの再生産に関わる制度と位置づけましたが、封建社会における身分制度の下での秩序だった再生産ではなく、近代社会における自由選択の結果としての再生産を可能にするしくみの鍵がロマンティック・ラブにあります。

他者を好ましく思う感情はいつの時代にも存在したでしょうが、現在恋愛という言葉でイメージされるものが近代の産物であることは、歴史研究の蓄積によって明らかにされています。ロマンティック・ラブ概念の成立とともに、ロマンティック・ラブにもとづく婚姻こそが正当で自然なものであるという結婚観、家族観が形成されます。

ロマンティック・ラブは、個々人のプライベートな感情である一方で、実に社会的な感情でもあります。一見、自由で個人主義的なふるまいにみえますが、どのような相手に恋愛感情を抱くのかという点で、社会構造の影響を強く受けているからです。

自由選択した結果としての社会階層の再生産。女性の願望と男性の願望が合致した結果としての、男女の非対称な関係の再生産。完結しているようにみえる再生産の循環ですが、このロマンスのしくみが予定調和のまま機能するわけでもないと思います。

現在、安野モヨコの『ハッピーマニア』や『花とみつばち』に代表されるような、ロマンティック・

ラブ・イデオロギーに過剰適応してしまった主人公たち（前者は女性主人公、後者は男性主人公）の迷走する青春——その滑稽さと真摯さを、徹底的に描いたマンガが登場し、人気を集めています。そうしたタイプの人気マンガの一つから、ロマンスのしくみがほころびる瞬間を意識させるフレーズを見つけました。

なりえない王子に
なりたいと　もがいて
ひどいことしてしまうオレと
ありえない王子を待ちながらも
いたらないオレを好きだという君と
2人《ふたり》して
なんて　なんて　バカ者なんだろう!
永遠に成立することのない
君とオレのロマンチシズム
（ジョージ朝倉『少年少女ロマンス』講談社、二〇〇二）

悩みとまどってしまう場所にこそ突破口が用意されている。そのことに私たちは気づきはじめているようです。

ジョージ朝倉『少年少女ロマンス』講談社より

7　ロマンティック・ラブと近代教育（小玉亮子）

ロマンティック・ラブと近代

前章で述べられたようにロマンティック・ラブは、近代が作り出したものです。近代の産物はいつの間にか自明のものとなり、「愛する人と結ばれる」、そういう物語は、私たちの周りにあふれています。これまで「恋愛」について、多くのことが語られてきましたが、私たちになじみの深い近代的な恋愛の起源の一つは、中世の騎士たちの恋愛にあるという説があります。騎士は、身分の高い美しい人妻に恋をします。いまでいえば道ならぬ恋。騎士は、思いの遂げられぬ相手を、ひたすら想い続けるというものです（J・ソレ「トゥルバドゥールと情熱の愛」J・デュビー他著『愛とセクシュアリテの歴史』新曜社、一九八八）。

こういったかなわぬはずだった「恋愛」は、いつしか遂げられるものとなり、恋愛と結婚と性が一致することが近代的な結婚の理想となります。結婚は家が決めるもの、つまり、身分や経済的観点から決まるものではなく、結婚は当事者の愛情から決められるということになったのです。現在、日本国憲法もまたそれを明言しています。「婚姻は、両性の合意のみに基いて成立し、夫婦が同等の権利を有することを基本として、相互の協力により、維持されなければならない」（日本国憲法第二四条第一項）。いまでは、見合い結婚がいいか恋愛結婚がいいか、という質問はほとんど意味を持たなくなっていますが、それは、見合いをしたとしても最終的に結婚を決めるのが当事者の愛情であるということが前提になっているためです。

私たちになじみのある結婚観を近代に論じた人のひとりにヘーゲル（G. W. F. Hegel, 1770-1831）がいます。彼は『法の哲学』（一八二一）のなかでこう述べました。

「愛とは総じて私と他者が一体であるという意識のことである。だから愛においては、私は私だけで孤立しているのではなく、私は私の自己意識を、私だけの孤立的存在を放棄する働きとしてのみ獲得するのであり、しかも私の他者との一体性、他者の私との一体性を知るという意味で私を知ることによって獲得するのである」（藤野渉他訳「法の哲学」岩崎武雄編集『ヘーゲル』中央公論社、一九七八、三八六ページ）。

つまり、愛において「ふたりはひとつ」というわけです。

そして、結婚についてはつぎのように言います。「婚姻の一体性は実体的なものとしては真心からの繋がりと心術であるにすぎず、現実に現れた者としては両主体に分かたれている。このような婚姻の一体性は、子どもにおいては、一体性そのものとしてそれ自身だけで独立に存在する形で顕現し、両主体が自分たちの愛として、自分たちの実体的現存在として愛するところの対象となる」（ヘーゲル前掲書、四〇〇ページ）。「ふたりはひとつ」ですが、実際にはふたりの人間がいるわけですから、その一体性は、子どもの姿をもって目に見えるものとなる。つまり、子どもは愛の結晶だということです。

近代家族はこういったロマンティック・ラブで結びついた夫婦とその愛の結晶とによって構成されることになります。言い換えると、家族は、夫婦の横の関係と親子の縦の関係という二つの関係を軸にして構成されているわけです。親子の関係には、父子関係と母子関係がありますが、近代があらたに重要性を見出し、強調したのは、母子関係です。この点についてルソー（J. J. Rousseau, 1712-1778）は、その著書『人間不平等起源論』（一七五五）のなかで、興味深い説を展開しました。彼によると、純粋な自然状態では、永続的な家族は存在しない、あるのはただ、母親と生後数年の幼児だけなのだそうです。ルソーによれば、もともと人間社会において、夫婦関係が社会の基礎となったのではないのだそうです。というのも、彼は、自然状態では妊娠や出産にともなうハンディは男の援助を必要とするほどのものではなかったからだといいます。こうして、家族の基礎を母子関係にみていた彼は、当時、フランスでおこなわれていた赤ん坊を乳母に預ける風習を批判して、母乳育児の大切さを訴えるキャンペーンもおこないました。もちろん、ルソーの説のみをもって、近代の家族観を代表させるわけにはいきません。というのも、近代の思想家には、家族の基礎を夫婦関係にみていた人もいましたから。ただ、母子関係の重要性を強調した説として、なによりそれが社会に大きな影響を与えた点でもルソーの議論は注目されます。

母として、妻として

さて、近代家族の思想は、ロマンティック・ラブと母性愛を二つの軸として構成されるようになったわけですが、このように二つの愛の軸から近代家族を考えると、近代家族の鍵をにぎっているのは、ほかならない女性であることがわかります。つまり、女性はロマンティック・ラブの担い手である妻となり、かつ母性愛の担い手である母となるというわけです。

近代教育思想の中にこういったことを示す証言を見出すことはそれほどむずかしいことではありません。

ヘルバルト（J. F. Herbart, 1776-1841）は、父親に権威を、母親に愛を見い出しますし、ペスタロッチ（J. H. Pestalozzi, 1746-1827）は、「すぐれた人間教育はすべて居間にいる母親の眼が四六時中、わが子の心的状態のどのような変化でも、子どもの目と口元と額とに確実に読み取ることを要求します」と述べました。近代において、小さい子どもにとっての母親の重要性が説かれる中で、母子の一体感こそが、人間形成の基礎になっているという説も論じられていきました。こういった議論の延長線上に、幼児教育の担い手が女性にふさわしいという議論もでてくるわけです。幼児教育の世界で有名なフレーベル

（F. W. A. Fröbel, 1782-1852）はまさにそうした議論を展開した人の一人でした。

また、さらに踏み込んで、母親の優位性を非常に強調する議論も見つけることができます。一八世紀のある論文では、「女性は子どもの母親・乳母・子守として男たちのあずかり知らない務めを果たすのであるから、子どもを従わせる確たる権利を有する。女性が子どもの服従に対して父親よりもっと神聖なる権利を有することの最良の理由は、女性がこの権利をより必要としていることである」と、書かれています（小玉亮子「ジェンダーと教育」宮澤康人編『教育文化論』放送大学出版会、二〇〇二、二〇〇ページ）。

こうして近代には、女性の家庭における役割の重要性が論じられるのですが、このころ国によって違いはあるものの、女性の教育について制度上の整備もすすんでいきます。

例えばドイツでは、一九世紀のはじめに女性にも一般教育が必要であり、公教育制度のなかでそれを位置づけようという議論が前面に出てきます。一般教育が求められるというのは、いわゆる家事を教えるという教育ではなく、女性にも男性が学ぶような普遍的な教養を身につけさせようという議論です。ただしその場合も、あくまでも「女性にふさわしい」教育内容と教育方法がとられるべきであると議論されます。

なぜ、家庭に入る女性に一般教養が必要になるのかというと、「ドイツの男性が、その妻の視野の狭さと心情の狭さとによって、家庭の炉辺で退屈させられたり、より高級な関心ごとに没頭する際に、その活動の力を奪われたりすることのないように」するためであり、一般教育といってもそれは「女性の天性、生涯の天職」にふさわしい内容でなくてはならないと考えられています。ここでの女性の「天職」とは、妻となり母となる、ということに他なりません。そして、女性の教養が天職の域を超えることは許されません。このころ「開化の度合いが高まるにつれて、生殖能力は下がり、学歴が高くなるほど、母乳分泌量が減少する」と言ったのは医者でした（小玉前掲書、二〇二ページ）。

母乳といえば、ちょっと唐突ですが、「哺乳類」という言葉はなんだかエッチだと思いませんか。鳥類、爬虫類等の生き物を分類することばがありますが、なぜ人間を含む獣たちだけが「おっぱい」に注目した分類名称があたえられているのでしょうか。もちろん、哺乳類という言葉を作り出した人物に由来する要因もあるのですが、この時代、すなわち一九世紀に女性に向けられたまなざしが変化したこともその一因となっていると思われます。

もともと女性たちの身体で女性性のシンボルと考えられていたのは子宮でした。子どもを身ごもること、そのことが女性らしさの根底にあると考えられていたのです。また、一八世紀にルソーが母乳育児をあえて推奨したように、自分の子どもを母乳で育てることにそれほど価値がおかれてこなかった時代もありました。しかし、一九世紀には、女性性のシンボルが子宮から乳房に移行したのだそうです。哺乳類という分類はこの時期に作られたわけです。つまり、この時代は、女性が「産む」ことから、女性が「育てる」ことのほうへ強調点が移行した時代ということができます。

こうして、近代家族の鍵を握る女性は、母性愛に満ちた母として、子どもの心の動きを察し続けなくてはなりませんし、夫のよい話し相手になり続けることによって、ロマンティック・ラブを維持し続けなくてはならないということになりました。

職業としての母性

さて、少し話しをもどして女性むけの教育の制度化についてもう少し考えてみましょう。さきほど女性むけの一般教育は、女の子たちが将来おくる家庭生活を目的としたものであると述べてきましたが、もちろん、近代のすべての女性が結婚して主婦になったわけではありません。結婚しても生活のために働く女性たちや、結婚しないで生きていく女性たちがたくさんいました。

むしろ、近代の女性人口の圧倒的部分は、生産労働に従事していたといったほうが正確でしょう。私がここまで取り上げてきたいくつかの近代の証言は、近代家族を形成することができる階層、すなわち夫が稼ぎ、妻が家事育児に専念する、そういう生活ができる上層の市民層に向けて語られた話です。人口のなかでごくわずかな恵まれた階層の議論をここで取り上げているのは、彼らの議論が、その後、なにより今を生きる私たちに大きな影響をあたえているからであって、当時、多くの人々がそういう世界に生きていたわけではありません。つまり上層の市民層というのは当時の人口上のマジョリティではありませんでしたが、時代の先駆者であったということができると思います。

このように時代の先駆となった人たちの階層において、女性は基本的に家庭に入ることを期待されていたわけですが、その一方で一九世紀には、自ら生活の糧をえる女性たちに関する議論もなされるようになっていたのです。「男性人口に対する女性人口の過剰と上流階級における独身男性の増大は、知識階級の少女たちのかなり大きなパーセンテージをして、彼女たちに自然な妻および母としての天職を断念させずにはおかない。彼女たちには彼女たちにふさわしい職業への道が切り開かれるべきである」というのです（小玉前掲書、二〇二〜二〇三ページ）。

上層の市民としての教養とプライドはあるものの、彼女たちは、伝統的な身分（貴族というような）や継承する財産がないために、もし、婚姻しなければ成人後扶養される可能性はありませんでした。人口の男女比の不均衡もあって、全員が結婚できるわけではないのですから、結婚できない女性が生活できるように、教育によって生活の糧を得るすべを身につけさせよう、という議論がなされたのです。そして、彼女たちに用意されたふさわしい職業を理論的にささえたのは、「職業としての母性」（Sachße, C., Mütterlichkeit als Beruf, 1986）といわれるように、職業と母性を結び付けた思想でした。女性であればみな、子どもを産むと産まないに関わらず、母性的本質を持つものであると考えられ、そこから女性にふさわしい職業が論じられていきました。さらに、そこには時代の救済者としての意味も付与されていました。すべての女性が持つ母性的原理が、即物的、技術的な合理主義に対して、暖かさ、豊かな心情、社会の統一性といったものを守る防壁となるというのです。具体的な職業としては、ソーシャルワーカーや保育士といった職種が想定されていました。

近代の幼児教育に大きな貢献をしたフレーベルは、また幼児教育に関する教員養成システムを考案した人でもあります。実は、当初、フレーベルが考えた幼児教育教員の養成講座の受講生となったのは男性ばかりでした。それが次第に男性の割合が減り、最終的に彼の考案した教員養成システムの受講者は女性に限定したものとなりました。こうして、幼児教育の教員養成が女性のみに限定されたことは、確かに、女性の職場を確保したとみることもできると思います。しかし、逆に、このような過程は、男性たちが、保育の世界から排除されていく過程としてみることも可能なのではないでしょうか。

ロマンティック・ラブと母性愛は整合的なのか

これまでみてきたように、近代における女性の教育の制度化は、ロマンティック・ラブと母性愛という二つの軸を維持するために形作られてきました。しかし、はたして、この二つの軸はこのようなシステムをつくることで維持可能になるのでしょうか。

実は、この二つの軸を生み出した近代の思想は自ら、この二つがそもそも不整合であることを、同時に論じていたのです。

教育学を学ぶ人ならば知らない人はいないルソーの『エミール』（一七六二）には、続編があるのだそうです。『エミールとソフィ　孤独な人々』という物語です。家庭教師の手によって完ぺきに育てられ成人になったエミールは、エミールにふさわしい貞淑な女性に育てられたソフィと結婚し、息子と娘を一人ずつめぐまれます。幸福だったこの家族には、ソフィの父と母、そして、娘の死をきっかけに、不幸がおとずれます。両親と娘を失って深い悲しみのなかにあるソフィをエミールはパリに連れて行くのですが、そのパリで、ソフィはエミールを裏切ってしまいます。エミールはソフィと別れ、家をでて、船に乗って冒険をします。そして、エミールが孤島でスペイン人の娘と結婚しているところにソフィが現れ、ソフィの死後、彼女の悔恨を知る、というストーリーでした。（原好男「エミール」吉澤他著『ルソー 著作と思想』有斐閣新書、一九七九、一六一～一六二ページ）。

近代教育の理想の成果であるエミールとソフィの結婚は、完ぺきな近代家族を形成するのではないか、と期待させるわけですが、それは、近代家族の破綻の物語だったといえるでしょう。

ヘーゲルのいうような他者との一体性を望むようなロマンティック・ラブにとって、そこに出現する子どもはノイズとなるのかもしれません。また、エディプス・コンプレックスにみられるように、緊密な母子関係にとって父親は邪魔者として登場することはフロイトが明らかにしたところです。

もともと両立不可能なロマンティック・ラブと母性愛という二つの軸を家族に想定し、そういった家族を形成するようにプロパガンダしつつ、同時にその不可能性を描いておく。近代の思想は、少し意地が悪いような気がします。

8 「母」という陥穽（木村涼子）

ロマンティック・ラブ同様、私たちが考える「母性愛」もまた近代の産物であることは、前章のお話しどおりです。

母性愛という脅迫

私自身が母性という観念を身につけたのはいつ頃のことだったでしょう。その記憶はさだかではありません。しかし、気がついた時には、母になることは女に生れた以上当然のことで、子どもを産めば母性愛という大変に都合の良い本能が開花して、だれしもすばらしい子育てをすることができるものだと、子育てと母性に関する予定調和の物語が頭の中にインプットされていました。子どもにとって母親が重要であるという考え方は、とりわけ「三歳までは母の手で」といったフレーズとして頭の中にしみこんでいました。

乳幼児期に母親がつきっきりで子育てをしなかった場合、子どもが成長したときに何らかの「ゆがみ」

が生じると言われていました。その応用編の話もありました。私の子どもの頃「鍵っ子」という言葉が流行ったのですが、「鍵っ子」つまり両親が共働きで学校が終っての帰宅時にだれも家にいない生活をしている子どもは、やはり「ゆがむ」というものです。「ゆがむ」とは、かつてであれば「非行」にはしる、「ぐれる」、今であれば、凶悪な犯罪をおかすような子どもになるという意味でしょうか。今でも少年犯罪が話題になる際に、両親の共働きへの言及が意味ありげになされることもあります。これらは、母親にとって相当に脅迫的な言説です。

「三歳までは母の手で」。乳幼児期は子どもの発達上重要な時期であり、その時期に母親が子どものそばにいてしっかりと愛情をそそいでやらなければ、子どもの「健全」な成長がさまたげられる。こうした考えが流布する背景には、発達心理学といった学術的な研究成果や理論があります。しかし、学術的に指摘されていることはより限定的なものであったり、推論でしかない事柄も多いのです。にもかかわらず、母親が二四時間子育てに集中していなければ何か「取り返しのつかない」ことが起こると思わせるような、強調した言いまわしになっている場合、それを「三歳児神話」と呼んだりします。真偽のほどを検証する余地をあたえないような力を発揮するという意味で「神話」なのです。同じく、女性は生まれながらにして豊饒なる母性愛を持っている、子どもを愛せない母親なんていないという考え方は、「母性神話」と呼ぶことができます。

こうした「神話」は私たちの生活の中に浸透しています。

母であることのおそろしさ

「三歳児神話」や「母性神話」を受け入れていた私は、一〇代の終わり頃に、仕事を持ちたいけれど、子どもが幼い頃（とりわけ三歳まで！）は子どものそばにいなくてはならないから、どうすればいいのだろう……と悩んでいました。自分を悩ませている子育てや母性観を、突き放して考えなおしてみるきっかけになったのは、女性としての先達からのメッセージの数々でした。メッセージは、身近な子育て体験の見聞であったり、書物の形であったりしました。

そのころ読んだ『母性をひらく』（木村栄、汐文社、一九八〇）という本をご紹介しましょう。印象深いこの本を残念ながらどこかに紛失してしまっているので、こまかな点ではまちがっているかもしれませんが、私がつかみとった骨子はつぎのようなものでした。

著者は、一人目の子どもが生れた時に仕事をやめず保育所に預けたところ、その子がぜんそくになってしまった。それを自分のせいだと考えて、二人目の子どもが生れた時には退職します。もちろんぜんそくという病気の原因は明らかではありません。にもかかわらず、ぜんそくは、母親の不十分な育児、愛情不足あるいは愛情過多のために、子どもが情緒的に不安定になって発症する身体症状の例として取り上げられることが多い病気でした。著者もそうした考え方に影響を受けて、上の子のぜんそくは、自分がむりやり保育所に入れてさびしい思いをさせたためなのではないかと自分を責めたのです。

退職を決意するまでは、自分の仕事と子どもへの愛情の間で揺れ動く母親の気持ちが切なくつづられ、同じ女性としてはらはらしながら読みすすめました。二人目の子どものために「家庭に入る」選択を著者がする場面では、残念だろうけれどもさびしがっていた子どもにとってはよかったのだとおもわずほっとしたことをおぼえています。これで子どもたちは安心できると。しかし、話の続きは、私をぞっとさせました。しっかりそばにいて育てた二人目の子どももやはり病気になってしまったのです。

著者の落胆、絶望が伝わってきて、読んでいる私も「ではどうしたらいいの？」と天に問いかけたくなりました。大きな失意から立ち直る過程で、著者は最初の子育ての時も次子の子育ての時も、結局自分はずっと「あるべき姿」を求めて不安と疑問に悩まされていたのではないかと考えるようになります。保育所に子どもを預けていた時は「子どもに悪い」とうしろめたさに苛まれ、仕事をやめて育児に専念してからは「子育てのために自分のやりたいことは我慢せねば」と自分を抑圧し、いずれの場合も、自分は憂鬱な母親だった。憂鬱な母親と向き合うことは、子どもにとっても憂鬱なことだったのではないか……。そこから著者の「母性をひらく」思考の旅ははじまります。

「育児不安」の発見

「母性」を相対化する試みの一つが「育児不安」の概念化です。「育児ノイローゼ」や「育児不安」という言葉は、今でこそよく聞かれるものですが、かつて、育児に苦しむということは母親としてあってはならない状態と考えられていました。母性愛があれば、育児が辛い・苦しい・悩ましいものであるはずがないからです。子どもをかわいいと思えない母親は「母親失格」であり、虐待する母など「鬼母」の一言で切り捨てられていました。このような脅迫的な言説は、不安や迷い、苦しみを感じる母親を沈黙させる力をもっています。マイナスの感情を一人で抱え込まざるを得なかった母親が、子どもを虐待するまでに追いつめられることもあります。

一九八〇年代に女性の社会学者たちが、子育ては楽しいばかりではなく、多かれ少なかれ苦悩や不安をともなうものであることを前提に、母親が抱えるマイナスの感情を「育児不安」と名づけて目に見えるものにしようとしました。調査研究の中で、「育児不安」が高まる背景には、乳幼児期の母子が密室で孤立していること、育児の理想型や母親のあるべき姿についての情報ばかりが孤立状態にある母親にふりそそいでいることなど、現代の子育て事情があることも指摘されました。状況によってはだれもが「育児不安」に悩み、不安が嵩じる中で子どもを虐待してしまう可能性があるのです。

「育児不安」と名づけられることによって、育児にともなう苦悩は、特殊な個人の問題という枠組みから解き放たれつつあります（牧野カツコ『子育てに不安を感じる親たちへ——少子化家族のなかの育児不安』ミネルヴァ書房、二〇〇五）。しかし、だからといって「育児不安」に悩む個人や児童虐待の事例が消えてしまうわけではありません。「母」であることを強いる社会的圧力は、今も働きつづけています。圧力と向き合うには、「母」の観念をくりかえし問い直すことが必要です。

「母」はいたのか

子どもを産んだ女性は昔から「母」だったのでしょうか。「母」なるものを、今の私たちが考えるような、子どもが小さい時には育児に専念して、枯れることを知らない泉のように愛を注ぎつづける存在として考えるならば、答えは「否」です。

考えてみれば簡単なことです。高度経済成長以前の日本社会は、農業人口を多くかかえていました。農家の母親たちが、現在のような子育てをしていたはずはないのです。子どもを産むことも農家の嫁の大事な仕事でしたが、彼女たちは農作業における労働力としての役割も大いに期待されていました。出産しても、産後の肥立ちに十分時間をとるゆとりもなく、再び野良仕事に出るようすは、かつての生活を語る農村女性の聞き取りで頻繁に語られるエピソードです。乳幼児につきっきりで子育てをするよう余裕は母親にはなかったし、そのような子育てが社会的に求められることもありませんでした。子どもたちは、授乳期すら母親のそばにいつづけることもなく（授乳させやすいように、母親が働く田畑のあぜ道に寝かせられることもあったといいます）、野良仕事を「引退」した老人や、年長のきょうだいなどに子守りをしてもらったりして育ちました。

長い間、日本の子どもたちのほとんどがそうして育ってきたわけです。近代以降発達してきた母性観・子育て観によれば、かつての日本人の多くには「母」がいなかったことになります。

乳幼児期、子どもの成長を見守ることにすべてのエネルギーを注ぎ込む子育ての様式は、人類史上目新しいものです。

母性愛の誕生

母性愛というものが歴史的に構成されたものであることを明らかにしようとした歴史家に、エリザベート・バダンテールという人がいます（鈴木晶訳『母性という神話』ちくま学芸文庫、一九九八）。バダンテールは、母親が子どもに抱く愛情を否定するわけではなく（もちろん、私もそうです）、「母性愛」が本能として神話化される歴史的過程を追い、神話の呪縛性を指摘しているのです。

「母性愛」神話がイデオロギーとしての力を発揮するようになったのは、近代社会とその構成単位である近代家族が形成されるプロセスとかさなります。これまでにも述べたように、近代以降、ロマンティック・ラブによって結ばれた男女が結婚し（ここで同性愛はあらかじめ排除されている）、その夫婦に愛の結晶である子どもをくわえた核家族が、標準的な家族像となっていきます。近代家族において、子どもは両親、とりわけ母親からのケアを受けて大切に育てられるべき存在となります。フランスの社会史家フィリップ・アリエスがさまざまな史料から読み解こうとした、近代における「子ども」概念の誕生プロセスも、いつくしまれるべき存在としての「無垢なる子ども」像が、「母性愛」との抱き合わせで人々の間にひろまっていったことを裏付けるものともいえます（杉山光信・杉山恵美子訳『〈子供〉の誕生』

みすず書房、一九八〇)。

日本において、「母性」という言葉が輸入されたのは、『児童の世紀』を著したエレン・ケイの思想を紹介する中においてだったといわれています。「母性」やあるいは「母性愛」はまさしく近代的な概念でした。すさまじい勢いで流入してくる西欧思想に、儒教道徳と近世日本社会の土着の文化をミックスさせながら、近代日本国家は良妻賢母主義という女子教育理念をつくりあげます。近代日本における「母性愛」観念の浸透には、実は、学校教育が大きな役割を果たしています。

近代日本の「母」、そして戦争

2章に書いたように、一九四五年第二次世界大戦での敗戦をむかえる前の日本、つまり戦後憲法が確立される以前の日本では、学校教育は明確に男女を差別する制度を確立していました。男子には社会で活躍するための職業教育やより高度な教育を、女子には将来家事育児を担う良妻賢母としてふさわしい教育をと、学校教育は性別で明確に格差付けされていました。女子は良妻賢母になるために、家事裁縫に関わる科目や、男尊女卑の儒教道徳の学習に多くの時間を費やしていたわけです。そうした良妻賢母主義教育において、母としての子育ての重要性が教えられていきました。

しかし、「母」や「母性」は、女子向けの将来の家庭役割教育にとどまらない意味を持ち始めます。日清戦争にはじまりいくつかの戦争を経験する中で、いつしか「母」というメタファーは戦争と結びつけられていくのです。

教科書が国定化されて以降、息子が戦争に行ってお国のために死ぬことを誇りと思う母親像が、教科書の中にたくさん登場します。「母のことは気にせずにお国のためにがんばって（死んで）こい」と息子たちをはげます母たちの姿を描いた「一太郎やあい」、あるいは「水兵の母」といった教材は、当時の学校教育を受けた人々であれば忘れられない「感動教材」です。もちろん、母は息子が可愛い。しかし、「お国のため」という大きな目標のためには、個人的な執着は捨てなければならない。そう覚悟を決めた母の姿が美しいと涙を誘ったわけです。

個人的な愛情を越えたところに、真の「母性」「母性愛」の偉大さがある。国を挙げての戦争状態に突入していた一九四〇年代には、そのように「母性愛」の絶対性を神話的に語る知識人・政治家・軍人がジャーナリズムに続々と登場します。「日本の母性の偉さ尊さには理屈があるのではない。母そのものが美徳なのだ。だから、日本の母は自らなるひかりなのだ」（遠藤元男「日本母性の特質」文部省教育局編『家庭教育指導叢書』第一三輯、文部省社会教育部発行、一九四二）といった大仰な母性賛美は、この戦争は父による侵略（あるいは、男による「強姦」）ではなく母による包摂だとの大東亜共栄圏建設のイメージ操作につながっていきます。

当時、個人としての母親がどのようなふるまいをしたのかは、さまざまでしょう。しかし、「母」「母性愛」というメタファーが戦争遂行のために大いに活用されたことは、消し去ることのできない事実です。

戦後、そして、戦後?

第二次世界大戦敗戦後、新しい学校教育制度が発足し、男女共学・高等教育の女子への門戸開放・家庭科（かつての家事裁縫教育）の男女共修などの男女平等施策が打ち出されました。戦後は、貧しく、失ったものも多かったけれど、新しい出発の光が人々の心を照らしていたのだと言われます。教師も子どもたちも新たな気持ちで、学ぶ場をつくりなおしていきました。男女共学の実現は、新しい学校の在り方を象徴するような出来事でした。

しかし、その後、男女が共に民主的な家庭建設のために学ぶ教科であったはずの家庭科が、新制の中学校において「男子技術・女子家庭」と枝分かれし、高等学校段階では「女子のみ必修」になり、女子向け教科として位置付けられていきました。家庭科はカリキュラム上、「男は仕事、女は家庭」という性別役割分担を強化する役割を果たしていました。興味深いことに、家庭科という教科、あるいは家庭科教師は、「母」のメタファーによって強く印象づけられています（堀内かおる『教科と教師のジェンダー文化』ドメス出版、二〇〇一）。

女性差別撤廃条約批准の際に家庭科の男女共修が改めて推進されることになりましたが、一九五〇年代後半から一九八〇年代の間に中等教育を受けた世代は、家庭科という公的カリキュラムの存在によって男女の役割分担意識をしっかりと教育されています。ちなみに私もその一人です。家庭科という教科は受験競争上では軽視されがちでありましたが、ジェンダーの教化という点では大きな影響力を発揮してきたと思います。

現在、家庭科の男女共修は実現し、人権にかかわる教育実践も増えつつあります。学校が子どもの人権、男女の平等を教える努力をすることは、私たちが、近代の仕掛けた「母性愛」の陥穽を乗り越える一助になるはずです。今や、戦争の影がますます大きく翼を広げて私たちを覆うようになってきました。「母」「母性」がふたたび戦争と結託させられることがないように、強く願っています。

9　暴力の問題（小玉亮子）

家族の中の暴力

母性と暴力の関係を問う、といったような問題の立て方は、少し前なら意外なテーマであったかもしれませんが、最近ではすっかりめずらしくもないテーマとなったような気がします。この問題は、とくに児童虐待に関する議論のなかで論じられているといっていいでしょう。児童虐待はさまざまな局面でおこりうるものですし、施設の中で児童に対して向けられる暴力に対する関心もたかまっています。ただ、やはり、現在児童虐待といえば、家庭の中で、しかも母親が子どもに向ける暴力がまっさきに想定されるということはないでしょうか。そして、こういった想定は、児童虐待に関するさまざまな統計によっても支持されています。厚生労働省の統計であれ、地方自治体の児童相談所の報告であれ、各種統計において「児童虐待の加害者の第一位は実母である」ということが明らかになっているからです。

児童虐待問題では加害者として注目される母親たちは、他方で、暴力の被害者としても注目されるようになってきています。九〇年代、特に後半以降注目されるようになった、DV（ドメスティック・バイオレンス）という問題がそれです。母親たちは、児童虐待においては加害者となり、DVにおいては被害者としても論じられるようになっているのです。

これらはどちらも、家庭という密室のなかで起こる暴力という点でおなじですが、日本で最初に、家庭のなかで起こる暴力として社会的注目を集めたのは、児童虐待でもDVでもありませんでした。日本で最初に家庭の中の暴力として社会問題となったのは、いわゆる「家庭内暴力」でした。「家庭内暴力」という言葉をきけば、私たちはそれが何をさすのかすぐに了解できます。それは、子どもから親への暴力です。つまり、日本語で「家庭内暴力」といえば、家庭の中でおきる暴力のすべてをさすわけではなく、いまでも子どもから親という特定のベクトルで起こる暴力をさしているのです。夫から妻への暴力をDVと呼び、親から子への暴力を児童虐待と呼び分けているのは、これまで「家庭内暴力」という言葉が、日本語として子どもから親への暴力のみをさしてきたために、それと区別するためであると思われます。

問題化の順序

もちろん、どのベクトルにおける暴力もそれが社会問題化されたときに、初めて生じるようになったわけではないでしょうし、社会問題として注目を集めるようになった以前、つまり、昔はそのような暴力がなかった、とは立証できないでしょう。密室化した家庭の中で、どのようなことが生じているのかは、いまでも見えにくいものですし、また、他方で、暴力に対するまなざしも時代によってことなるでしょう。ですから、いつごろからそれが生じるようになったのか、あるいは、いつごろからそれがひどくなったのか、問いに答えることはたいへん困難だと考えられます。

ここで注目したいのは、いつごろから生じるようになったのか、という問いではなく、どの暴力から注目されるようになったのか、というこの三つの暴力が社会問題となっていった順序です。

まず社会問題となったのは、「家庭内暴力」でした。「家庭内暴力」の存在は、すでに七〇年代以降注目されるようになっていたのですが、息子が両親を撲殺した一九八〇年の「金属バット殺人事件」が起こり、一気に人々の高い関心を集めるようになりました。この事件が人々に衝撃を与えた理由の一つは、それまでの「家庭内暴力」に関する通説の一つをまったく裏切るものだったことにあります。当時、家庭内暴力については一つの理解がありました。それは、子どもが親に振るう暴力は、親に対するSOSである、というものです。ここでは、子どもからのSOSを親は受け止めるべきである、といわれます。子どもからのSOSである暴力は受け止めてあげましょう。なぜなら、子どもがどんなに暴力を振るっても親を殺すことはないからです。そういう子どもたちは親なしに生きられないのですから。

つまり、この事件は、こういった当時の理解にはまったく相反するものだったのです。しかも、犯行を犯した息子は、殺害後平然とシャワーを浴び着替え自室で眠った、と報道されました。子どもがわからなくなった、と、当時この事件にコメントした中村雄二郎は書きました。この時期以降、子どもが引き起こす問題は、特定の「問題子ども」のものではなく、どんな子どもでも起こしうるというような「子ども問題」として論じられるようになります（小玉亮子「語らない子どもについて語るということ――教育『病理』現象と教育研究のアポリア」日本教育学会『教育学研究』第六三集、第三号、一九九六）。

その後、体罰批判や管理教育が学校批判のキーワードになりますが、その背景には、家族と学校の大人たちが、「家庭内暴力」と校内暴力という子どもからの暴力に対して、全面的にそれを抑えようとしたという動きがあったということもできると思います。

子どもたちからの暴力への押さえ込みが続けられるなかで、つぎに問題になったのは、被害者としての子どもという言説でした。イジメによる自殺や体罰による子どもの身体的精神的損傷といったものが問題になるようになって、九〇年代にはいり、ようやく家庭における暴力のなかの一つ、児童虐待が注目を集めるようになります。家庭のなかの暴力の加害者としての子どもではなく、被害者として子どもに注目が集まるようになったといえます。

児童虐待問題も、すでに七〇年代から、コインロッカーベビー事件が注目されたり、育児ノイローゼなどが議論されたりしてきました。しかし、子どもに対する暴力を意味する児童虐待は、必ずしも社会的関心をもたれるテーマとはなっていませんでした。日本で児童虐待研究のパイオニアである池田由子が、一九八四年に「日本の文化は子どもを大切にするので児童虐待は存在しなかったし、今も存在しないと信じこんでいる外国や日本の研究者もいる」（池田由子「被虐待児症候群」『現代のエスプリ』No.206特集、池田由子編「被虐待児症候群」、至文堂、一九八四、五ページ）と日本における児童虐待に対する無理解を批判的に論じていたほどです。

このような状況の中で、日本で児童虐待に関する社会的関心が一気に高まってきたのは、一九八八年の母親に遺棄された子どもによる事件、「西巣鴨・子ども置き去り事件」以降といっていいでしょう。この事件を素材にした映画「誰も知らない」で主演した柳楽優弥さんが二〇〇四年にカンヌ映画祭で主演男優賞をとりましたから、ご存知の方も多いかと思います。この事件は、実母による子どものネグレクト（遺棄）でしたが、これ以降、児童虐待に関心が高まり、九〇年代にはいってようやく、日本での虐待に関するネットワーク等が続々とつくられていきます。児童虐待問題に対する関心がたかまり、児童相談所を中心としながら民間のレベルをふくめて児童虐待への対応はすすめられ、二〇〇〇年に、ようやく児童虐待防止法がつくられました。

同年、二〇〇〇年につくられたのが、いわゆるストーカー行為規制法です。同年には「桶川・大学生ストーカー殺人事件」がおきています。そして、翌二〇〇一年に「配偶者からの暴力の防止及び被害者の保護に関する法律」（DV防止法）が制定されます。こうして、家族内でおこなわれる暴力のうち、最後に、妻・パートナーに向けられる暴力が社会問題として浮上してきたのです。もちろん、早くから妻や恋人など親密な女性に向けられる暴力を問題とする声はあったのですが、妻への暴力は、数年の間に一気に政治的・政策的にも大変重視される課題となりました。

くりかえしますが、このような家庭や親密な関係における暴力それ自体は、この時期に突然発生し始めたわけではありませんし、近年ことさら暴力的になったことが証明できるわけでもありません。ここで注目したいのは、人々がそれに敏感になってきた、ということです。

しかも、それには順序がある。最初に、暴力の加害者としての子どもが注目されます。つぎに暴力の加害者としての母親が注目されます。そして、最後に暴力の加害者として夫（父親）が問題にされることになります。これはよく考えると不思議に思えます。暴力の行使者として、もっとも想定しにくいものから順に、社会問題化され、非難されてきたともいえるのではないでしょうか。あるいは、ありえないはずと人々が想定している暴力から問題化されてきた、と言い換えることもできるのではないでしょうか。

妻たちの五人に一人が夫から暴力を受けたことがあるというアンケート結果をあわせて考えると、もっとも起きる可能性の高い家庭の中の暴力が、最後になってようやく社会問題化されるようになった、という解釈もまた可能であるように思えます。

暴力とそれを支えるディスクール

現在では、家庭の中で、暴力のベクトルはどの方向にも向かい得るということが認識されるようになってきています。とはいえ、そこには明らかにジェンダー・バイアスが見られます。子どもが向ける親への暴力は、第一に母親であることは早くから知られていますし、ＤＶ防止法は女性の保護を第一義的課題として制定されました。それらにおいて女性は家庭の中の暴力の被害者としての位置にいるといっていいでしょう。

それに対して、児童虐待問題においては、女性は第一の加害者として非難の対象となってきました。「家庭内暴力」やＤＶにおいて第一に被害者であった女性が、ここでは、第一の加害者として現れるのです。

前述のように、統計上、児童虐待の加害者の第一位が母親であるということが、母親たちに対する非難のまなざしをむけさせているのですが、児童虐待で母親が加害者として強調されるのは、それだけではありません。母親たち自身が加害者としてカミングアウトしてきたことが、非難の声をさらに加速してきた側面は否定できないのではないでしょうか。

現在は刊行されていませんが、『プチタンファン』（婦人生活社、二〇〇三・二休刊）という育児雑誌で初めて取り上げられて以降、九〇年代半ばには、たくさんの「子たたきの母」のカミングアウトが雑誌の投稿欄や母親の手による書籍など、雪崩を打ったように出てきました。それらは、現代の子育て環境の閉塞感、そしてそこでの苦しさを訴えた、たいへん切実なものでした。しかしながら、ごく普通の母親でも子どもに暴力をふるってしまう、という、子育て環境の告発は、同時に、虐待する母親を例外とするのではなく、すべての母親をその可能性を持つものとして見るまなざしの社会的構築につながったことは否定できません。

しかも、母親を加害者と位置づける議論はもう少し複雑でした。それを考えるのに興味深いのが虐待のサイクルという考え方、すなわち「虐待をする親は、虐待された子どもであった」というものです。つまり、ここでは、加害者であると非難されるべき母親たちは、実は被害者であった、という議論になるのです。

確かに、虐待する親の中に子どものころ虐待を受けた人もいるといわれていますが、しかしだからといって、子どものころに虐待を受けたから、自分の子どもに虐待をするようになるというのは「大変な間違いです」と、森田ゆりは早くから批判してきました（森田ゆり『子どもの虐待』岩波書店、一九九五）。彼女以外にも、実際に被虐待児の受け入れをおこない、彼らが立ち直り、しっかりと生きていく足場をつくってきた児童養護施設や児童相談所等では、こういった言説が被虐待児に対する偏見をうみ、また、被虐待児自身がこのような言説によって不安になってしまうことを、厳しく批判しています。

にもかかわらず、くりかえされる虐待のサイクル論は、その当事者である虐待する親自身の言説によってもまたささえられています。典型的なのは、虐待をおこなった親が語る「私は愛されなかったから、愛し方がわからない」という言説です。

この言説においては、虐待の加害者は実は被害者であったというストーリーの逆転がなされています。

つまり、このような言説においては、家庭の中の暴力の加害者として問題化されたかのようにみえる母親たちは、やはり、被害者であるというスタンスに立つことになるのです。

親の絶対性

さらに、虐待のサイクル論は、親もまた被害者である、というメッセージのみならず、しつけが子どもたちの生涯を決定するというメッセージを同時におくっているということもできるのではないでしょうか。というのは、こういう議論は、子どもの運命を決定するものとしての親の絶対性を強調するという作用をもつために、逆説的に、子どもにとっての親というものの存在意義を高める作用ももつからです。

子どもにとって決定的なのは親である。このことは、親としてのみ生きるような人生を送る人たちにとって、レゾンデートル（存在証明）を与えているといっていいでしょう。現在の児童虐待に関する議論は、親を非難し攻撃し、身動きできないようにしつつ、親たちの存在意義を強調し、親のすばらしさを説く。そういう作用を持っているといえるのではないでしょうか。そして、ここでの親とは第一義的に母親にほかなりません。

このような議論によっても近代的な母性観は支えられていると言っていいでしょう。すなわち、児童虐待言説にみられるような、子どもの運命は親が決定するという議論は、子育てする母と家族に庇護されるべき子どもという、近代家族イメージの落とし子であるともいえるのではないでしょうか。親子関係のゆがみ→子どもの一生の傷、という因果関係はとてもわかりやすいものです。しかもその鍵を握るのが母親である、という言説に私たちはなじんでいます。こういったわかりやすさはわかりやすいゆえに、解決の糸口を失わせてしまうということはないでしょうか。

このような議論においては、子ども自身の持つ力はほとんど信じられていないかのようにも思えます。これに対して、近代の作り出した「家族に守られるべき」子どもというイメージではなく、「子どもは一般に思われているよりはるかに能力に富み抵抗力を持っているのだ」というところから、新しい〈子ども時代〉像への転換をとく議論がでています（ウルズラ・ヌーバー、丘沢静也訳『〈傷つきやすい子ども〉という神話――トラウマを超えて』岩波書店、一九九七、五ページ）。そういえば、日本には「親はなくとも子は育つ」ということわざがあったはずです。

近年、ようやく、母親と暴力の問題、家族と暴力の問題、という問題群が表面化してきたことはたいへん重要なことだと思います。しかし、私たちは、暴力をめぐる言説のまえで思考停止せずに、暴力の問題を多面的に、解決を求めて議論していく、いま、そのことが求められているのだと思います。

10 教室内の「権力」──女・男・教師・子ども（木村涼子）

教室の中の権力関係

前章で、母性愛と暴力の複雑なからみあいがとりあげられました。家庭は「愛情が支配する場」であり、子どもは「愛されるべき存在」であるという、近代の「常識」を前提としつつ、そこからはみ出さざるを得ない「現実」が、私たちの日常にいかに多いことか。学校という場もまた、家庭と非常に似通った問題をかかえています。

学校は「真理と善意が支配する場」であり、児童・生徒はそこで大切に「教え育てられるべき存在」であります。しかし、現実の学校がそのようなユートピアでないことは、もはや周知の事実です。教育の場において、広義の「暴力」、あるいは「権力」は、さまざまな形で発動されています。

ここで用いる「権力」概念は、学校教育が公権力によって制度化されていることから生じる各種の権限をはじめとして、集団における数の不均衡や肉体的かつ精神的な暴力などによって規定される、自己決定力や状況支配力まで含む幅広いものとして想定されています。

教室の中には複数の権力関係が存在しています。まず第一に、教師が公権力を委譲された存在であるということを前提とした、教師‐生徒間の不均衡な権力関係を挙げなければいけません。第二に、教員集団内部の制度的ヒエラルキーおよび集団力学による教員間での権力関係があります。第三に集団力学による生徒間での権力関係を見逃すことはできません。ジェンダーという要因を含めると、前記すべてに、男性優位・男女非対称のジェンダー・リレイションがからみあっていきます。

そのからみあい方を単純化して考えると、つぎの二つのパターンに分けることができます。男性優位の権力関係がその他の権力関係と重なって相乗効果をもつ場合と、両者が逆方向に働いて相殺される場合です。前者は、たとえば教師優位の教師‐生徒関係が、男性優位の男女関係に重なる場合（男性教師と女子生徒）であり、後者はその逆です。もちろん、相乗効果ないし相殺効果なるものは、実際にはそれほど単純には作用しません。また、教師‐生徒間の権力関係も男女間の権力関係も、支配‐被支配だけの論理で動いているわけではありません。学校には、権力をもつ立場にある教師がいだく子ども中心の民主的学級運営志向、性役割意識や「らしさ」観による男女の相補的な関係性など、学校における権力関係は複数の縦糸とともに、複数の横糸によって方向づけられた立体的なものとして存在するわけです。

「学級崩壊」を考える

ジェンダーを含んだ複数の権力関係が交錯する場として、教室/学校空間をとらえた時、どのような構図が見えてくるでしょうか。その一例として、九〇年代末から二〇〇〇年にかけて話題を集めた「学級崩壊」をとりあげてみましょう。「学級崩壊」は、学校内での権力をめぐる葛藤を先鋭的に顕在化させた現象とみることができます。

当時「学級崩壊」についての事例を見聞きする中で、「崩壊」のきっかけとなる児童に男子が多いことに気づかされていました。そのことがもつ意味は何だったのでしょう。

男子による反抗やマイペースな行動は、学校という公権力に対して、「私」を主張する行為、あるいは教師が強制する秩序に抗して、自分たちの定義による新たな秩序を主張する行為と解釈できます。いずれにしても、教師と男子児童・生徒間のヘゲモニー争いの側面があることは否定できません。男子は、ある時はエゴをむきだしにすることによって、ある時は暴力的な言動によって、ある時は徒党を組むことによって、教室という場の支配権を教師からもぎとろうとします。

一方女子集団は、「学級崩壊」のプロセスで諦観・無関心の態度をとり、結果として教室の秩序崩壊に消極的に加担することが多いようです。消極的とはいえ、女子に「見放された」教室は雪崩を打つように崩壊すると言われます。女子の行動は、男子と教師の間での闘いが繰り広げられている「公」の場から「私」の場に引きこもることによって身を守っているとも、教室をコントロールできない教師=学校という権威への抗議とニヒリズムを表現しているとも受け取れるのではないでしょうか。「学級崩壊」現象において女子がイニシアティヴをとる事例では、子どもなりの論理ながら〈大人びた視点〉による教師批判が中心となる印象があります。その場合、リーダー格の女子による教師「拒否」が、教師‐生徒間の権力関係を変えてしまうのです。

「学級崩壊」とは、教室内部での権力闘争のプロセスあるいは結果であり、教師優位の教師‐生徒関係がゆらぎつつあることをあらわにしています。そこでは、女子児童・生徒と男子児童・生徒の権力への関わり方の違いが垣間みえます。

教員の性別と「権力」

教員の性別も教室内部の力学を左右する大きな要因です。そのことは、「学級崩壊」を一教室だけでなく、学校全体の中に位置づけて見直すことにより、より明確にみえてきます。

教室秩序に関わる権力関係は教室内だけでなく、学校単位で作用しています。教員集団内の権力関係を見抜いて、子どもたちは、ある者には従順で、ある者には反抗するという態度の使い分けをします。たとえば、A教室の秩序維持は、B教室の秩序崩壊とワン・セットとなっているということがあります。A教室での抑圧的な管理による不満が、B教室において噴出している――換言すれば、B教室でのガス抜きが、A教室の秩序維持を成功させているということが往々にして起こっているのです。

教員集団内の権力関係には、ジェンダーの問題がからんでいるため、どのような教師が生徒からの攻撃・反抗を受けやすいかということには性差が生じます。教員集団の中で劣位にある女性教師を力関係において圧倒し抑圧しようとするふるまいは、男子生徒のみならず女子生徒においてもみられます。

現代の「学校崩壊」現象は、教員の性別や経験を問わずに生じるといわれていますが、かつて授業を成立させることができない教員には女性が多いとされていました。若い女性教員、音楽や家庭科など「受験科目」ではない教科の女性教員は、子どもたちの格好の標的となることがあったのです。子どもたちが集団力学で女性教員を追い詰め、それを「制圧」できない女性教員の姿から、男子のみならず女子もまた「女性はだめだ」とのメッセージを受け取り、教員集団の中にも女性教員の劣位が刻み込まれるという悪循環が生じます。

私が直接うかがった小学校の女性教員の経験談から一言だけ引用します。

「学校の中での男女の教師の関係を子どもたちがみている気がするんですね。弱いか強いか、学校の中でどちらが強い立場にいるか、職員室の中のヒエラルキーを子どもたちが見てる。それを非常にぶしつけにというか、遠慮せずというか、非常に傷つける形で、教師にぶつけてきますね」。

彼女の言葉から、子どもたちが性差別を学校の中で感じ取り、実践していくようすをありありと思い浮かべることができました。学校内の権力関係の重層性は、秩序が乱れた隙間にあらわな姿を見せ、それを人々の目にやきつけることによって、再生産されていくのです。

子ども集団における権力関係

つぎに、教室内における男女の関係に視点をうつしてみましょう。

ジェンダーと教育に関わる欧米の研究では、教師と児童・生徒間の相互のやりとりを観察した結果、男の子の方がより多く発言し、教師からの働きかけをより多く受けているという結果が報告されています。筆者自身が日本の小学校で観察した場合にも欧米と同様の傾向がみられました（前掲『学校文化とジェンダー』）。小学校高学年の授業場面は、全般的に男の子の活発さが目立つ空間でした。そこでは、男の子が積極的に自己主張し授業に参加しているのとは対照的に、女の子は静かに沈黙を守っていたのです。そうした男女で非対称的な授業場面は、男の子が女の子を制して、自分たち中心の状況をつくりだそうとする動きによって生じることがあります。私が観察させていただいたクラスの中にも、女の子の発言をひやかしたり、押しのけるような男子集団の言動によって、女の子の発言が皆無に近くなった例がありました。いったんそういう雰囲気ができてしまうと、授業中の女の子たちはまるで気配を消そうとする忍者のごとく、存在感をアピールしないようふるまいます。女の子たちに「どうして授業で発言しないの？」と何度かたずねたことがありますが、しばらく口ごもった後「だって男子にいろいろいわれる」と答えてくれた顔が、ややこわばったような複雑な表情だったことをおぼえています。

男女が互いに区別して対立するようになっていくのは、小学校中学年・高学年あたりからよくみられることです。男女がいっしょに遊ばなくなったり、学校での行動全般が、女子・男子の同性グループに分かれるようになっていきます。子どもたちは「男」と「女」の単純な二分法で自分たちを区別し始めるのです。互いに「男子は○○だ」「女子は△△だ」と決めつけた言い回しで非難しあい、女子と男子のあらそい（時には身体的暴力もふくめて）が頻繁に生じることもあります。

行動における性差が目立つようになっていくのは、発達過程の中で子どもたちが「女の子らしさ」「男の子らしさ」を意識していくあらわれとも考えられます。しかし、学校のようすをみていると、男女がそれぞれ独自にそうした文化を身につけていくというよりも、男女間の相互作用を通じて性別文化の境界線が引かれていく印象があります。

男の子文化と女の子文化が分かれていく過程には、男の子集団と女の子集団間の不均衡な力関係がはたらいていることがうかがえます。たとえば、男女が一緒に遊ばなくなる契機の一つとして、男の子たちが女の子と遊ぶことを「はずかしい」と思うようになる現象を挙げることができます。「女の子なんかと遊べるか」「おまえ、女か！」「女のくせにいばるな」「男のくせに女と話して」などなど、大人の目から見るとたわいもないような発言が、女の子を運動場での活発な遊びや授業への参加から遠ざけ、男の子を女の子から遠ざけます。もちろんそうしたことは常に起こるわけではありません。しかし、これまで調査観察されてきた性差という観点から言えば、女の子よりも男の子の方が、集団の力学の中で女から男を引き離し、自らの優位を確立しようとすることが多いようです。

学校というフィールドでの集団力学をつうじて、男の子は攻撃の有効性、闘いや支配の魅力を経験していくことになります。それは女の子の側から見れば、闘いから撤退することによって身を守ることの必要性や有効性を知る経験となります。

スポーツと男の闘い

学校文化の中で「男らしさ」「女らしさ」の形成と深く関わっていると思われるものは、体育や部活動などで扱われるスポーツの世界です。男の子にとってスポーツができるかどうかは女の子にとってより切実な問題です。スポーツが得意な男子が賞賛を浴びる一方で、「運動音痴」の男の子は理不尽にもずいぶんと肩身のせまい思いをしているといいます（大束貢生「運動音痴の男の子こそジェンダー・フリーを求めている──『できなくてもいいんだよ』と伝えてあげたい」『女も男も二〇〇一年夏号』労働教育センター）。

学校体育は男女共に受けているが、中学校以上は基本的に別学であり、体育系の部活動もそのほとんどは男女別となっており、男女の体力・運動能力差を固定化して考える基盤をつくっています。また、記録主義的に男性優位とされ、スポーツの花形は男の子で、女の子はそのサポートや応援をするという役割分担が学校文化の中にあります。男子が血をにじませ汗を流して闘い、女子は涙と微笑みでその応援をする。たとえば毎年恒例高校野球のチアガールや応援する女子高校生の映像、多くの男子体育会系クラブ・サークルが擁する女子マネージャーは、その図式の典型でしょう。

子ども達の人気マンガ『ドラえもん』の中に実に象徴的なストーリーがあります（藤子・F・不二雄「勝利をよぶチアガール手ぶくろ」『ドラえもん』第二三巻、小学館、一九八二）。オセロゲームでスネ夫にこてんぱんに負け、馬鹿にされて悔しがるのび太に、例によってドラえもんがポケットから「チアガール手ぶくろ」を出してやる。「女の子にそれをはめて応援してもらえば、なにをやってもかてる」という手ぶくろで、女の子に向かって「ポンとなげれば自動的に手にはまる」。これをはめさせられた女の子は、「フレーフレー、のび太さ〜ん！」と、チアガールよろしく脚をふりあげて応援してしまう。その応援を受けた男の子はゲームだろうとかけっこだろうと相撲だろうと、必ず勝負に勝つ。ここでおもしろいのは、手ぶくろをつけさせることができるのは女性に対してだけだということです。ジャイアンとけんかすることになったのび太は、身近に女の子が見当たらず困ってしまい、「女の人ならだれでもいい」と通りかかったおばあさんに手ぶくろをつけさせるというのがこの回の「落ち」になっています。

スポーツの応援といえば、大人の世界では、野球やサッカーのファンは男性の方が多く、決して女性だけの文化ではありません。学校文化の中では社会全体よりもさらに、「闘う男」と「応援する女」という非対称の図式がくっきりと形づくられているのです。

生徒指導や管理職──「力」の行使とその変革

学校における権力関係とジェンダーを考察するために、今一つ、生徒指導という教育実践をとりあげましょう。

生徒指導は、男性教員の仕事と見なされがちです。現に生徒指導主任のほとんどは男性です。八〇年代から九〇年代へと生徒指導のあり方は変化してきているとはいえ、今もまだ力の論理・抑圧の論理でなされていることが多いと言われます。そのことを批判するのは簡単ですが、現実には生徒指導主任が広義の「暴力」をともなう「悪役」を引き受けることで、他の教員が民主的・非暴力的にふるまうことが可能になるシステムができあがっているのです。

生徒指導主任が学校運営の底の部分において生徒たちを強力に管理・掌握していないと、クラス担任――特に生徒たちから軽視されやすい女性教員や「優しい」男性教員――の個々の学級運営が困難になる実態が存在します。生徒指導に女性教員を望む声が出る場合は、力で押さえつける男性教員と対になる「なだめ役」を期待されていることが多いようです。暴力的な男子生徒を相手に女性教員が力の指導をおこなうことには、現状ではまだまだ無理があるでしょう。生徒指導のあり方は、ジェンダーと大きく関わっているのです。

高校の女性の先生方から、女性教員が生徒指導に関わることのむずかしさを象徴するものとして、つぎのようなエピソードをうかがうことがあります。たとえば、ひとりの男子生徒が校舎内でタバコを吸っているのを目撃し、担任である女性教員が注意する。生徒は担任に目撃されているにもかかわらず、喫煙の事実すら認めようとしない。指導の途中で生徒指導主任が関わり、生徒は主任とともに生徒指導室に入室する。担任女性が廊下で待っていると、閉じられた部屋の中から怒鳴り声や机をたたく音が聞こえてくる。驚いていると、ガラッと扉が開いて「吐きました。じゃあ、後は先生、よろしく」と告げて、生徒指導主任は立ち去っていく……。「刑事モノのドラマ?」と思わせるような展開ですが、こうした「力によって従わせる」タイプの生徒指導は、かつてそれほどめずらしいものではありませんでしたし、現在でもありえないことではないでしょう。「暴力」も含めた「力」によって従わせることが生徒指導に不可欠の姿勢であれば、自分には到底担えないと思う女性教員（そして男性教員）が多いことは想像に難くありません。

校長・教頭など管理職はもちろん、学年主任や教務主任、そして生徒指導主任などの「重要な」ポストにもっと女性がつくことが、「男女共同参画」の方針から導かれる課題の一つでしょう。「要職」の女性比率が圧倒的に小さいことは性差別の典型的な事象であり、学校を男女平等の場にするためには、権力に近い場所に多くの女性が参画すべきではあります。しかし、生徒指導の場合に端的にあらわれているように、従来の構造・権力関係をそのままにして、女性の参画は果たして可能なのでしょうか。あるいは、女性が参画することが、現在の教室における交錯した権力関係の構図を変化させることになるのでしょうか。

「権力」は、教師と児童・生徒関係をつうじて、さらには、女と男というジェンダー関係をつうじて、具体的な姿をあらわしていきます。本書で問いつづけているジェンダー（社会的文化的性別）は、男女間の不平等な権力関係を内包する概念です。男女の関係は、「暴力」や「権力」の問題として、問われなければなりません。男女両性で構成される学校教育の場を考察する際に、ジェンダーの視点を欠かすことはできないのです。

11　家族と学校の連携ということ（小玉亮子）

PTAにみるジェンダー

校長などの管理職、また、教務主任といった学校の「要職」に女性比率が低いことは、性差別の典型的な事象だという指摘が前章でありましたが、もちろん、この事象は教室以外でも見ることができます。たとえば、ＰＴＡという組織を見てみましょう。ＰＴＡは、Parent-Teacher Associationの略称ですから、その構成員は親と教師です。しかし、ＰＴＡについてよく言われるのは、ＰＴＡ活動に教師はあまり関わらず、もっぱら親たちだけでおこなっているという話です。そして、実際のＰＴＡ活動は、正確にいうと親というより母親が担っています。ですから、現在のＰＴＡ活動の現場は、教師も父親もほとんど出てこない、ＰＴＡというより、ＭＡ（Mothers Association）といったほうがいいかもしれません。例えば、二〇〇四年度にある横浜の小学校では、ＰＴＡ委員会名簿に掲載されている委員のうち男性のしめる割合は一％でした。男性はたったの一名、ＰＴＡ会長さんだけです。現在、ＰＴＡ会長に女性がなることもすくなくないですから、このような学校が一般的であるということはできません。しかし、ＰＴＡ役員をみてみると、男性が役職につくことが多く、以下の単なる委員は圧倒的に女性ということはめずらしくないでしょう。

また、ＰＴＡは、学校ごとに組織されていますが、その学校ごとのＰＴＡから代表がでて、政令指定都市や都道府県ごとにまた協議会が組織され、さらに、そこから代表が送られて、全国レベルの団体が作られ、ちょうどピラミッド型の組織ができています。そのピラミッドをみると、上へいくほど男性が多くなっているのがわかります。例えば、平成一六年の横浜市を例にとると、市のＰＴＡ連絡協議会の理事のリストの四〇％以上が男性です。また、さらに大きい組織である、日本ＰＴＡ全国協議会をみてみると、その役員に占める男性の割合は、九〇％を超えています。つまり、単位が大きくなるほど役員に占める男性の割合が圧倒的に多い、すなわち、ピラミッドの頂点にいけばいくほど男性の割合が高くなっているのです。"The higher, The fewer" という言い回しは、高学歴になればなるほど女性が少なくなることを意味してつかわれてきましたが、ＰＴＡ活動に関してもいえるわけです。

さらに、学校を地域で支える町内会をみてみると、そこでもこの構図をみることができます。町内会の会長は男性が圧倒的に多いのです。町内会の加盟についてみてみると、夫が代表して参加し名簿には夫の名前が記載されるケースが多いようです。しかしながら、実際には妻が町内会活動をおこなうことが多いということはよく知られています。現在、家族と地域には、学校と連携して子どもたちのためによりよい環境をつくることが盛んに求められていますが、それらはまるで判で押したように同じようなジェンダーの構図を作り出しています。

PTA活動を担うのは

PTAは、実際には、母親たちが活動し、その「長」は男性がなるというパターンが見られると書きましたが、実は、PTAの歴史をみると、そのような構図には背景があることがわかります。現在の日本のPTAは、第二次世界大戦後の教育制度改革のなかで、アメリカの民間教育情報局(CIE)が日本にもアメリカで実施されているようなPTAをつくるように要請したことから、つくられた制度です。ですから、アルファベットのPTAという言葉が通称として使われています。戦後の急ごしらえの制度であったために、アメリカを参考にその輪郭がつくられたのですが、「その中味になったのは、従来からあった後援会と母の会だった」(二宮徳馬『日本PTA史話』学事出版、一九七八、二一四ページ)といわれています。つまり、中味としては、二つのルーツがあったのだそうです。戦前の後援会組織は、実質的には、地域の有力者たちが学校に金銭的援助、すなわち寄付をしていくための団体でした。戦後のPTAは、そういった寄付団体からの脱皮を図ることを目標としそれを実現してきましたから、二つのルーツのうち、前者は後退することになります。そうして、結果的に、母の会の部分だけが残っているといってもいいでしょう。

このような日本のＰＴＡの歴史は、日本のＰＴＡの本家ともいえる、アメリカのＰＴＡ組織とは異なるものとなったともいえそうですが、実は、そのアメリカのＰＴＡもまた、もともとのルーツは、一八九七年にできた全国母の会（National Congress of Mothers）でした。このアメリカのＰＴＡは、いま比較すると結果的には、日本のようにほとんどの義務教育段階の学校で組織化されるものとはなっていませんが、その構成員を拡大する方向に変化してきました。当初、母の会であったものが、父親や教師を巻き込んでいきました。さらに、その活動は「母親のための討議の場ではなくて、教育政策的に活動しようとする機関であろうとした」（クラウス・シュライヒャー編『家庭と学校の協力』サイマル出版、一九七二、二三三ページ）のだそうです。

ルーツは同じく母たちの会だとしても、日本のＰＴＡでは、父親や教師が日常的に活動する姿を見ることは難しいように思います、そしてまた、ＰＴＡの活動は、教育政策的に意思表明し、学校に何かを主張するといったものになっていないように思います。

姿の見えない父親たちが、子どもの教育現場に無関心である、というわけではないようです。運動会にはビデオを片手にたくさんの父親がやってきますし、今では、入学式の集合写真には、両親そろって、子どもの数の二倍近い大人たちが写ります。また、土曜日や日曜日の参観などには、父親の姿はたくさん見られますし、あるいは、朝から学校開放されている日など、スーツ姿の父親が早朝に学校にやってきて、子どもたちの姿を見て出勤して行きます。高度成長期に父親の姿がまったく見られなかった時代に比べて現代の父親たちは、子どもの学校にたいへん熱心に関心をもち、学校に来る頻度もはるかに多くなっているようです。

しかし、ＰＴＡ活動の担い手はほとんどが女性です。そして、平日の授業参観や担任と親の懇談会に父親たちはほとんど来ないのです。

それは当然でしょう、という反論が父親たちから聞こえてきそうです。平日の昼間の授業参観には、仕事で行けないのですから、と。確かに、多くの企業では平日は早朝から夜遅くまで仕事でしょうし、休みは土日となっているのでしょう。しかし、本当にすべての父親たちが平日に学校に来られないのでしょうか。今、労働形態は多様化しつつあります。サラリーマンだって、月曜日や水曜日が定休の場合もあるでしょうし、シフト制で休みがまわってくる仕事もあるでしょう。また、自分で自由に時間の管理ができる仕事についている父親も多いでしょうし、また、現在仕事からはなれている父親も少なくないでしょう。そう考えると、ほぼ一〇〇％母親しか来ないという懇談会はやはり妙です。

他方で、なぜ多くの母親たちは、授業参観に現れ、ＰＴＡ活動を担っているのでしょうか。子育て中の母親の多くが仕事をもつようになった現在、父親と同様に、仕事をもつ母親にとっても平日の昼間に子どもの学校へ行くことは困難です。実際、それは、子どもの年齢が上がるにつれて、母親たちが学校に現れなくなるという現象にも現れています。子どもの手が離れるとパートなどに出る母親が多くなっているからです。ところが逆に、このように仕事を持つ母親が多くなったために、逆に、家庭にいる母親にＰＴＡ活動の負担が集中してしまい、結果的に、仕事をしているということはＰＴＡ活動をしないという言い訳にはならない、という空気を作り出しています。これも妙です。母親にとっては仕事をもっていることがＰＴＡ活動をしない言い訳には使えないのですが、父親は仕事をもっていることが、ＰＴＡの日常的活動に参加しない正当な理由になるのですから。

ＰＴＡの現状を支えるイデオロギーとシステム

この現状を変えていくためには、二つの論点から考えることができると思います。一つには、ＰＴＡという組織のもち方、そして二つ目が、やはり親たちの行動を支持するジェンダー規範の問題でしょう。

父親も母親も一緒にＰＴＡ活動をおこなうためには、父親の参加しやすい時間に活動を移すことがまず考えられます。土曜日や日曜日であれば、学校に来られる父親はふえるでしょう。また、冒頭の章でお話しした娘が通っていたアメリカの小学校は、参観以外の学校行事は、すべて夕方以降おこなわれていました。学校の運営の関する説明会なども、もちろん、夕方でした。また、ドイツには一九世紀からElternabend（両親の夕べ）という言葉があります（小玉亮子「教師の権威と親の権威――世紀転換期ドイツの『父母の夕べ（Elternabende）』をてがかりとして」宮澤康人研究代表『青年期教育における教師の権威の喪失過程の研究』科研費研究成果報告書、一九九二）。Abendは日本語で夕べという意味であることから自明であるように、これは、夕方にもたれることからつけられた親たちの会の名称です。もちろん、近代ドイツにおいても性別役割分業にもとづく近代家族イデオロギーは形成されましたから、子どもの教育に関して母親が重要な役割を担うこととなっているという点では日本と同じです。しかし、学校のみならず地域活動に関する会合が仕事とは抵触しない時間帯にもたれることによって、男性が積極的に参加することができるようなしくみになっています。

活動時間を現在のような昼間から、夜間や週末に移すことは、ＰＴＡのあり方を変えるのに大きな意味を持つとは思いますが、それだけでは十分でないことは容易に推測されます。というのは、親たちに内面化されているジェンダー規範は、これまでの章でもたびたび触れてきたように、近代的母性イデオロギーであり、それは、母親は子どもにつくすべきであり、子どもにとって、母親がもっとも重要であるという考え方によるものだからです。子どもに関することは私のテリトリーという意識を持った母親にとって、父親が自分以上に子どもに関する情報を得ることは、テリトリーの侵害と意識されます。子どもの授業や担任のこと、友達のことなど、母親が第一に知っているべきことなのですから、授業参観に母親が行くのは当然のことになります。学校からの連絡の電話だとわかれば、父親は母親に受話器をわたします。学校からの連絡事項を聞くのは、母親でなければいけないのです。こうして形成された母親たちのみの空間には、よほどのことがなければ父親は参入するのは困難です。ＰＴＡにぜひお父さんもご参加ください、という呼びかけが有効に機能しないのは、父親が排除されることを前提にこういった空間が形成されているからではないでしょうか。

そして、なにより、父親も含めて、母親自身にとっても現在のＰＴＡ活動が参加するのに魅力のあるものとなっているかどうか、という問題を考える必要があるのではないでしょうか。現在の日本で仮にＰＴＡ会合が夜に設定されてみんな出席できるとしても、わざわざ学校へは行かない、という親たちは少なくないでしょう。それは、ＰＴＡの活動の内容それ自体に理由があるのではないでしょうか。確かに、現状のような親たちの学習や交流、学校行事等への労働力提供は大切なことかもしれません。しかし、現状のＰＴＡはあくまでも学校を下支えする作業を請け負うにすぎず、学校の運営にかかわる「意思決定への参加」や「学校情報公開」（西村絢子『父母の学校参加――イギリスに学ぶ』学文社、一九九四）にも関与する組織ではありません。この点が昨今議論されている学校評議会といった組織が持つ可能性（学校運営に関与する）と決定的に異なるところです。実際、学校評議会といった組織がどの程度学校運営にかかわることが可能なのかは、また別に議論する必要があるでしょう。しかし、少なくとも、現状のＰＴＡが学校の運営に関与しない、また、学校と対等な立場で発言し活動する組織ではないということは、圧倒的に女性がその担い手となっていることと無関係ではないことは指摘できると思います。

家族と学校の連携、その困難

ＰＴＡというのは、Parent と Teacher、親と教師の協働の場を意味するものです。また、家族と学校は子どもたちが圧倒的に多くの時間を過ごす場ですから、その二つが協力関係になることは望ましいこと考えられています。しかし現実にはどうでしょうか。自分の子どもに対する評価権を持つ学校と、学校に対して何の決定権ももたない親（母親）という関係が対称的関係でないことは明らかです。八〇年代以降の教育論をみてみると、一方に「プロ」教師たちによる親批判があり、他方で、親たちによる学校批判が高まってきています。現在の子どもたちは、そういう大人たちの世界を見ているのです。

この両者の相互批判（不信といってもいいかもしれません）は、その両者がともに閉鎖的であるところにも原因の一つがあります。学校開放ということが盛んに言われていますが、いくつかの学校での事件を契機として、学校の危機管理の強化が望まれる中、いまやそれはかなり難しい課題となってきています。他方「愛によって結ばれた」近代家族は強い情緒性と閉鎖性によってその形態を維持しますから、家族への介入を極力排除しようとする傾向にあります。

近代において子どもは大人たちの社交の空間から引き離されて、家族と学校はともに子どもを「閉じ込めた」と言ったのは、歴史家のアリエスです。この議論に、近代の家族と学校は、子どもを教育空間の中に閉じ込めるさいに、ともに同型のジェンダーの構図を維持しながら手を組んだと付け加えておく必要があるでしょう。加えて、手を組んだといっても、相互に干渉を排しつつ閉じている、しかも、両者の関係には相互性があるのではなく、学校に対してそれを下支えるものとしての家族という非対称的構図をみることができます。この非対称性に、ジェンダーの構図をみることもできるでしょう。これは学校と家族の関係のみならず、公的機関と私的部分との関係のありようがもつその非対称性に重ねることができるようにも思います。いわば「お上」に対する「庶民」の関係といってもいいかもしれません。

子どもたちのまわりでは、ジェンダーの構図が幾重にも重なり合い、相互にその構図を補強しています。この構造を変えることなく、家族と学校の連携を図ろうとするなら、ジェンダーの構図はますます強化されていくことになるでしょうし、子どもたちの世界をますます閉じ込める方向が強力に推進されることになるのではないでしょうか。このまま教師や父親や母親が、自らのもつテリトリーに閉じこもるならば、教育の世界は硬直していくのは容易に想像できます。私たちの社会も、子どもたちの世界ももはやその構図には収まらないものとなりつつあるのですから。

12 性別分業を問いなおす（木村涼子）

あらためて「ジェンダー」という概念

「ジェンダー」という概念は、一九七〇年代以降のフェミニズムの「第二の波」を背景にはぐくまれたものです。それに先立つ一九世紀末から二〇世紀初頭にかけてのフェミニズムの「第一の波」といわれる女権拡張運動が要求したことは、法制度上の男女平等でした。二つの世界大戦をはさんで多くの国で婦人参政権をはじめとする法制度上の男女平等が整備されていきました。「第一の波」においては機会の平等が法的に保障されれば、男女平等が実現されると考えられていたのですが、残念ながら男女の格差は存在しつづけました。

なぜ、労働市場や公的組織における女性の地位は低いのか。家事・育児という重要な労働を担っているにも関わらず、主婦の役割が低く評価されるのはなぜなのか。

その疑問を出発点として、フェミニズムの「第二の波」が国際的に隆盛する中で、「女性は家庭、男性は仕事」といった性別分業観や、男女の特性・能力に関する固定的な考え方が、女性・男性の生き方を制限しているのみならず、男性を優位とする社会システムをつくり上げているという認識が生まれました。その際にキーワードとなったのが、社会的・文化的に構成される男女の区別をあらわす「ジェンダー」概念でした。「ジェンダー」概念は、「生まれながらにして男女は異なる存在で役割も異なっている、だから男女間の格差があっても仕方が無い」といった、性差別を正当化する考え方を問いなおすために有効だったのです。

「主婦の労働」再考

前章で、ＰＴＡ活動にみるジェンダー、男女の不均衡が取り上げられていましたが、その基本構図はまぎれもなく固定的な性別分業です。子育てが女性の領域とされるようになった近代の枠組みから生じたものです。

近代の性別役割分業において、女性に割り振られた役割の中心に位置するものは、「主婦」役割だといってよいでしょう。「主婦」もまた広い意味で「労働者」であるという見方は、現在広範に受け入れられています。「主婦の労働」は、一般に「仕事」といわれる労働とはどのような違いがあるのでしょう。

「主婦の労働」とは何かを考えるとき、私は子どもの頃に見ていた母の生活を思い起こします。私の母は、高度経済成長期にサラリーマンと結婚して家庭を築いた典型的な「主婦」でありました。「主婦」として母が担っていた労働について、ずっと気になっていることが二つあります。

一つには、おそらく母は自らを「専業主婦」とアイデンティファイしていたにもかかわらず、私の記憶の中にある彼女は断続的ながら内職やパート労働などの「仕事」をしていたということです。内職でミシンを踏んでいる母のそばで、学校であったことをおしゃべりしたり、ラジオを聞いて遊んでいた小学生の私。それほど長時間・長期間のものではなかったけれども、母は家事以外の「仕事」をしていました。母は家事育児以外の賃労働に従事していたわけですが、社会的にも母自身の認識としても彼女はずっと「主婦」だったように思います。働く女性が増えたといわれますが、増加したのは雇用されて働く女性の数であって、女性の労働力率全体は戦後それほど変化していません。昔から女性の多くは、農業や商業など自営業の家内従事者として、あるいは家庭内での内職などをおこない、働いてきました。しかし、そのことは見えにくいものだったのです。

現在多くの既婚女性がパート労働者して雇用されて働くようになりました。「専業主婦」と区別するものとして「パート主婦」という言葉も生まれました。家庭の「外」で働くことがふえた結果、「主婦」という立場にある女性が、家事育児以外の労働を担っていることは見えやすくなりましたが、彼女たちのアイデンティティの中核はあいかわらず「主婦」におかれがちです。女性自身の意識は多様化しつつあるかもしれません。しかし、社会全体の認識としては、パート労働をおこなう既婚女性はあくまでも

「主婦」なのです。本来「主婦」である女性が、家事にかかる時間以外の余暇で家計補助のためにパートに出ている。そうした認識を前提とするからこそ、パート労働者は、低賃金で、昇給も昇進もなく、解雇も比較的容易な不安定な雇用「身分」を、自然なこととして受け入れさせられているのです。「主婦」という概念は、労働市場で女性が安く買い叩かれることの理不尽さを覆い隠す、マジックワードと言えるでしょう。

不払い労働としての「主婦の労働」

母の生活から思い起こされるもう一つのことは、「主婦の労働」は計測しがたい性質のものではないかということです。母は、家の「外」で働き家計を支える父と三人の子どものために、毎日長時間の家事労働をしてくれていました。そうした家事労働は、家庭外部の市場経済と直接に結びついていないがために、経済的な評価を得る機会がありません。家事労働は、身体と精神を用い、それらを消耗させて達成することができる、まぎれもない労働です。しかし、家事・育児・介護などの人間をケアする労働は、市場化された場合はサービス労働として位置づけられますが、家族の中でおこなわれる限りにおいては、プライベートなものだから金銭ではなく愛情で計られるべきだ、と考えられてきました。いかに家事・育児に明け暮れていても、それが家庭の中でおこなわれている限り、「主婦」は「働いていない人」と位置づけられて、経済的な評価がされないのはもちろんのこと、社会的評価も比較的低いという状態が続いてきました。

社会的にも実際の夫婦関係の中でも、妻は夫に「養ってもらっている立場」とみなされがちです。現在広がりつつある、女性の家事労働も男性の「仕事」と同等の価値をもつという認識は、比較的新しいものです。女性自身が「主婦」役割を男性の「仕事」より劣ったものだとみなすことはめずらしくありませんでした。けれども、ふと女性も疑問に思うわけです。毎日こんなに働いている、果たして自分のしていることは労働ではないのだろうか、と。

そうした女性の日常感覚からの疑問が、第二波フェミニズム運動の中で発展した結果、家事労働は不当にも不払いのままにおかれている「不払い労働（アンペイドワーク）」だとの問題意識が生まれてきました。そのことは社会運動に発展していきますし、学問の世界でも扱われるようになっていきます。主婦労働の評価をめぐって日本では早くから議論されてきました（いわゆる「主婦論争」）。八〇年代にはイタリアのフェミニストであるダラ・コスタ姉妹らが「家事労働に賃金を」というスローガンを掲げ注目を集め、その後もフェミニスト経済学の潮流が家事労働論、不払い労働論を発展させてきています。

九〇年代には家事労働に対して経済的に評価する動きが広がりました。そのことを象徴するできごとが、経済企画庁による家事労働の経済的評価に関する試みでした。九七年に発表された報告書では、①炊事、洗濯などの狭義の家事、②介護や看護、③育児、④買い物など外で資源を調達するもの、⑤ボランティア、と金銭的に支払われていない労働を五つに分けて、生活時間に関するデータをもとに、人々がどの程度不払い労働に時間を費やしているかを計って、貨幣による評価を算出しています。

算出は、機会費用法と代替費用法という二つの方法でおこなわれました。ちなみに機会費用法とは、不払い労働に費やした時間を有償労働に従事したと仮定し、その場合に得られる賃金を全産業の性別・年代別平均賃金の値を用いて推計します。ですから、機会費用法というのは、不払い労働に費やした時間をお金の出る労働に充当したらどの位賃金を得られるものかという発想で算出する方法です。

機会費用法で出てきた算出結果では九一年の段階で、無償労働の全体の評価額は約九八兆九〇〇〇億円にものぼることがわかりました。これはGDP、国内総生産の約五分の一強に当たる金額です。この無償労働のうち、八五・三%というほとんどを女性が担っているということも明らかにされています。個人単位でみると、いわゆる専業主婦では二七六万円が不払いの状態であり、なかでも子育て期にあたる三〇歳代では三五五万円という高い数字が出ています。外でも働いている共働き主婦の場合も一七七万円と決して少なくない額が算出されました。算出方法によっては、もっと高額も推計されると言われています。女性が担っている不払い労働がどれほどの金銭的価値を有しうるものであるかがわかっていただけると思います。

感情労働としての「主婦の労働」

家庭という私的領域とされている家庭の「外」でおこなわれていれば、労働とみなされて対価が支払われるはずの炊事や洗濯などを、母は「無償」で担っていました。しかし、市場化されているサービス労働に相当することだけを、母の仕事としてとらえていいのか。ふり返ってみますと、物理的な事柄だけに還元できないことを母は私にしてくれていました。これが、「主婦の労働」を考えるとき欠かせない視点として思い浮かぶ、個人的経験の三つ目です。

例えば病気になった時にお粥をつくってくれる。これは食事をつくるという肉体的な労働ですが、情緒的なレベルでも大きな意味をもっています。お粥やりんごを食べさせながらのやりとりの中で、いたわられている、ケアされているという感覚、そこで抱く安心感や幸せな気持ちも一緒に与えられていたはずです。母が子どもたちにしてくれていたことは、そういう心配り、思いやりなど、さまざまな形にできないものも含まれていました。

昨今、「感情労働」という言葉が社会学の領域などで新しい概念として注目されています。A・R・ホックシールドという女性社会学者が定義した「感情労働」とは、対象とする人物の情緒的状態を安定させたり満足させたりすることを重要な職務とし、そのために自分自身の感情をコントロールしなければならないような労働のことを指しています（A・R・ホックシールド『管理される心——感情が商品になるとき』世界思想社、二〇〇〇）。その典型例として、ホックシールドは飛行機の客室乗務員の仕事を挙げています。また、看護もそうした特徴をもつ労働として考察することができるでしょう（P・スミス『感情労働としての看護』ゆみる出版、二〇〇〇）。

「感情労働」は、そうした特定の職業の特徴をあらわす概念として使われはじめましたが、他者に情緒的な配慮をし、人間関係を調整するために、自分の感情を時に抑制し時に鼓舞しなければならない場面は、あらゆる職業生活において生じるものです。そうした人間の感情に関わる労働は、それに相当な時間やエネルギーが割かれていたとしても、なかなか業績として計上されにくい部分です。主婦の労働、女性が担う労働には「感情労働」をふくめたケア労働が多い。その点を考えていかなければならないということが、労働論、経済学でも指摘されつつあります。

家庭は家族の情緒的避難所であり、主婦は家庭を避難所たらしめる役割を担うと考えられています。主婦は「家庭の太陽」としてふるまい、家族に心の安らぎをもたらす存在であらねばならないという考え方は、近代日本における「主婦」誕生以降謳われつづけてきたことです（木村涼子「婦人雑誌の情報空間と女性大衆読者層の成立――近代日本における主婦役割の形成との関連で」『思想』八一二号、岩波書店、一九九二）。「妻」「母」「主婦」としての女性は、家族をケアし、家庭内の情緒的安定を保とうと努力します。そのために、家族の感情を優先し、自分自身の感情を「後回し」にする必要に直面します。また、家族の「幸福」や「満足」が、自分の「幸福」や「満足」であるという、共感的な思考をするようにもなるでしょう。主婦の労働において、情緒や感情は重要な意味をもっているのです。しかし、そうした家事育児に含まれる感情労働の部分は、家族に対する愛情の発露とみなされ、労働として評価されることはめったにありません。

性別役割分業の新体制

近代の性別役割分業において女性に割り振られた「主婦の労働」は、いわゆる「仕事」とは異なる性質を帯びた労働です。近年、「主婦の労働」とは何なのかを問いなおす気運と同時に、性別役割分業のあり方も流動化しています。

「男性は仕事、女性は家庭」という性役割の固定化に疑問をもつ人々がふえていると2章で述べましたが、実際、結婚・出産後も「外」で働く女性はめざましくふえています。しかしながら、男性の家事育児への参加はそれほど拡大していません。日本の男性の家事育児労働時間は、国際的にみても大変に低い水準にあります。共働き世帯においても同様です。女性は、外で働いている場合も、「主婦」として家事・育児に対して責任を持つ傾向があります。

そうした状況を指して、「新・性別役割分業」といった言葉が使われることがあります。「新・性別役割分業」とは、「男性は仕事、女性は家庭と仕事」という、女性にダブル・シフトを強いるものです。「男性は仕事、女性は家庭」という従来の分業よりも、女性にとっては一層過酷な分業体制といえるかもしれません。

男女雇用機会均等法制定以降、雇用の場における女性の進出はすすみましたが、平等な扱いを期待する見返りに「男性並み」に働くか、男性ほどの過重労働を引き受けない代わりに不平等な扱いを甘受するかのどちらかの道を、女性は選択させられています。前者を選んだ女性の場合、仕事と家庭を両立させようとすれば、男性以上の長時間労働を引き受けざるを得ない状態です。後者の場合も、パートタイム労働の名において劣悪な労働条件はそのままに、質量ともに正社員と同様の労働を求められることがふえはじめています。

また、中高年女性のパート雇用が拡大することが、若年層の就職難とつながっていることも軽視できません。新規学卒入職者と一般入職者の動向について一九八〇年代と二〇〇〇年代現在を比較すると、新規学卒以外の女性のパートタイム労働者としての入職が、新規学卒の就職状況を圧迫していることが推測できる数字があらわれています。近年話題となっている、若年失業、「フリーター」「ニート」などの問題は、雇用の場における性差別や性別分業体制の再調整プロセスで生じている事態として考えることも必要です。

中高年女性のパートタイム労働者の採用は一九五〇年代からスタートしていますが、パート雇用拡大が加速していくのは、経済の低成長期が、六〇〜七〇年代に主婦となった団塊の世代の子育て終了期と重なった一九八〇年代です。再就職をもとめる女性の労働力供給の動きと、景気の変動に対応できる安価で柔軟性のある労働力をもとめる企業側の需要が一致したのです。景気の低迷がつづく中、女性一般労働者と女性パートタイム労働者との賃金格差は拡大傾向にあり、パートはますます低廉な労働力としての意味を強め、男性を含めた若年層の就職状況に影響をおよぼしています。

共働き等世帯数の推移

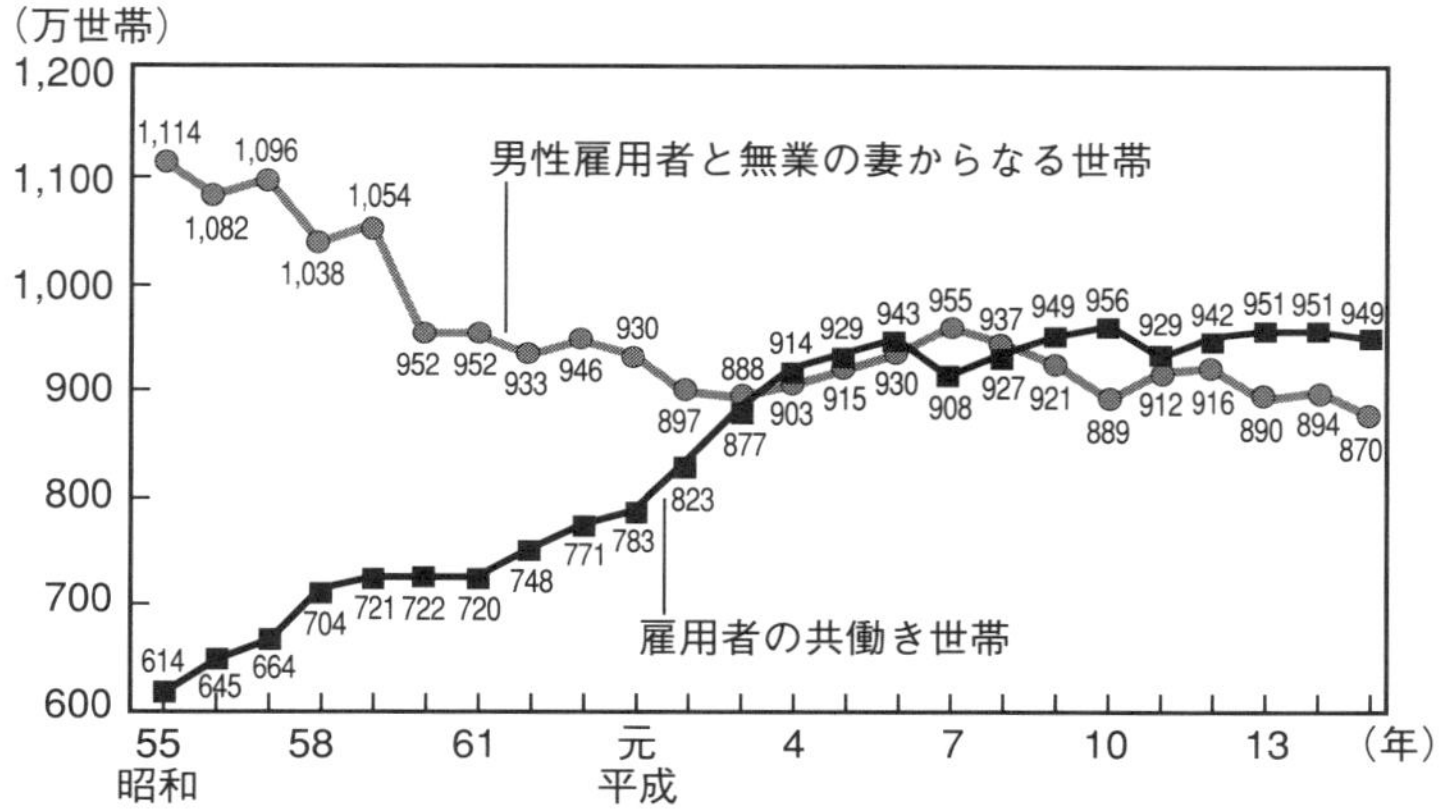

備考）１．昭和55年から平成13年は総務省「労働力調査特別調査」（各年2月）、14年以降は「労働力調査（詳細結果）」（年平均）より作成。
２．「男性雇用者と無業の妻からなる世帯」とは、夫が非農林業雇用者で、妻が非就業者（非労働力人口及び完全失業者）の世帯。
３．「雇用者の共働き世帯」とは、夫婦ともに非農林業雇用者の世帯。
出典）『男女共同参画社会の実現を目指して』（内閣府男女共同参画局、2004）

夫婦の生活時間

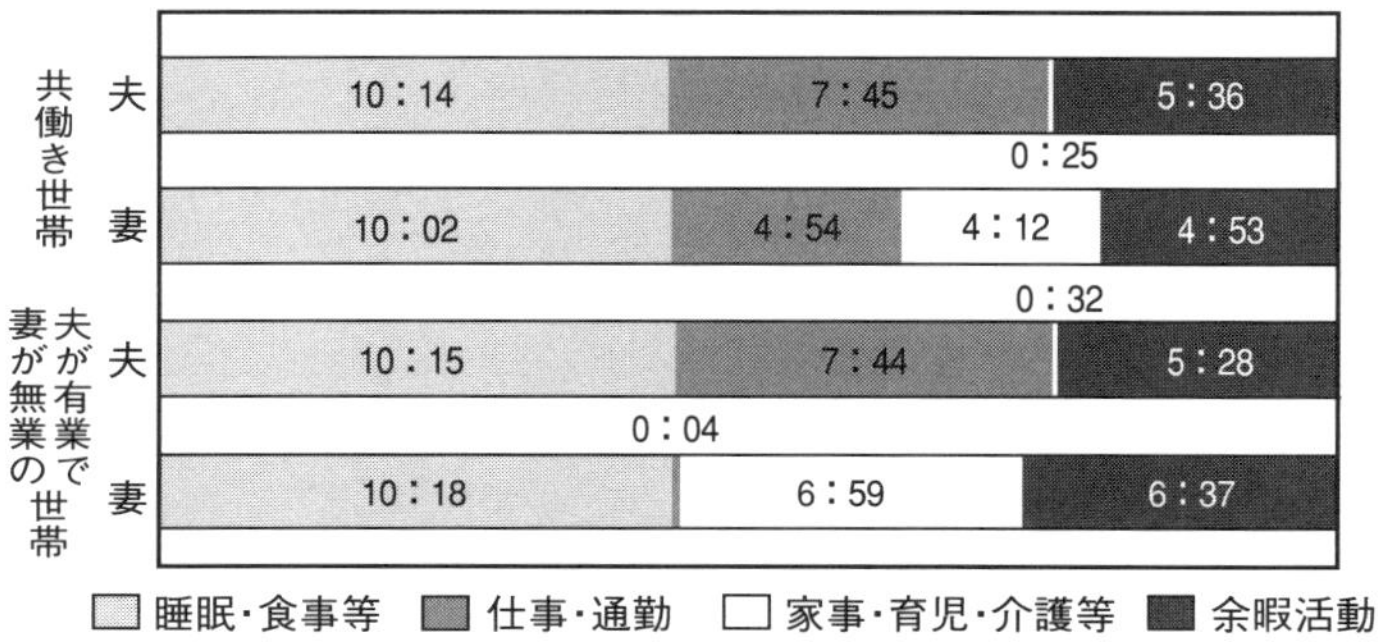

備考）総務省「社会生活基本調査」（平成13年）より作成。
出典）『男女共同参画社会の実現を目指して』（内閣府男女共同参画局、2004）

労働への新しい視点

第二波フェミニズムはさまざまな学問領域に影響を与えましたが、経済に関する理論や研究においても、ジェンダーの観点が導入されていきます。現代の資本主義経済体制を考えるためには、その中に性差別がどのように組み込まれているのかの分析が不可欠であるとの問題提起がなされてきました。その結果、「フェミニスト経済学」と呼ばれる潮流が生まれました。

「フェミニスト経済学」は、各国内における個別具体的な状況から進行するグローバリゼーションのありようまで、さまざまなレベルでの分析を試みています。主として女性が担っている家事労働や主婦役割をどのように位置づけるかということは、それらの分析において常に重視される点です。たとえばマリア・ミースらは、「主婦化」という概念を、一国内の性分業のみならず新国際分業において「発展途上国」に割り振られる役割を考察する際にも有効なものとして用いています（マリア・ミース『国際分業と女性——進行する主婦化』日本経済評論社、一九九七）。

家事労働を有償労働と同じようなものとして扱って、経済的に評価しさえすれば問題は解決するという話ではありません。家事労働あるいは主婦労働とされるものが、いかに性別や社会階層別によって、そして国家間で不均衡に割り振られることになるのか、現在進行形のメカニズムを解明する作業が不可欠です。

また、有償労働と同じように見なした時に抜け落ちる「女性の経験」として、人をケアする労働をいかにとらえるかということも大切です。女性が母親や妻として家族をケアするときに重要な位置を占めている感情労働についても、どのような内実を持っているものなのか、再評価することが必要でしょう。また、家族を養うことを前提とした男性の労働のあり方も、相対化されなくてはなりません。

「男の労働」「女の労働」を従来の枠付けから解き放つことは、社会の価値体系、社会関係全体を変えていくことでもあり、個別の家族や個人のあり方を変えていくことでもあります。私にとってのその作業は、一番身近であり同じ女性である母の生活を見つめなおすことから始まってます。それもまたジェンダーの視点を生んだ第二波フェミニズムを特徴づける思考の一つなのです。

Ⅱ
教育／家族とジェンダー

1　女は理系に向かないのか
――科学技術分野とジェンダー

木村涼子

1　「学問」の扉と「女」の生物学的運命

二〇〇五年一月、アメリカの「名門」とされるハーバード大学のサマーズ学長が講演の中で、「科学分野で女性の活躍が乏しいのは〈生まれつきの性差〉によるものだ」という趣旨の発言をした。この発言は大変な物議をかもし、学長は学内外の批判に対して謝罪したが、同大学教養学部教授会が三月に賛成多数で学長不信任決議を可決するという前代未聞の事態に発展している。(1)二一世紀の今、「女性は先天的に科学的な能力が劣る」という言説には、賛否とりまぜての熱い視線が集まる。

女性が学問をすることは生殖能力の衰退をまねき、やがては人類の滅亡につながる。こうした議論が、至極真剣になされた時代があった（アン・ファウスト‐スターリング『ジェンダーの神話――「性差の科学」の偏見とトリック』工作舎、一九九〇）。欧米において近代的な学校教育制度が発達しつつあった一九世紀、さまざまな教育機関、とりわけ高等教育機関は、以上のような生物学的な理由をもって女子の排除を正当化することが多かった。

欧米をモデルとしつつ近代化の道を歩んだ日本もまた、一八七二年の学制発布からスタートした学校教育制度において、男女別学・別体系の原則をつらぬくとともに、高校・大学進学の道を女子に対して閉ざし続けた。大正期には高等教育の女子への門戸開放をもとめる動きが生まれ、言論弾圧がきびしくなるファシズム期に至るまで、女子教育関係者や婦人運動家などによって署名活動や陳情活動がくりかえされている（木村涼子「ジェンダーと教育の歴史」、苅谷剛彦・濱名陽子・木村涼子・酒井朗共著『教育の社会学』有斐閣、二〇〇〇）。女子高等教育要求運動は、「さらに学びたい」という意欲をもった女子学生自身によっても展開された。しかし第二次世界大戦敗戦に至るまで、学校教育において制度化された性差別が是正されることはなかった。その根拠は、男女の先天的な知能や特性と役割の違いであった。

政府が、女性の特性や能力ならびに社会における役割は男性と異なるという理由から、女子高等教育の要求をしりぞけつづける一方で、実際には制度の網をかいくぐって大学の門をたたく女性たちはごく少数ながら徐々に増えていった。その嚆矢として知られる事例が、一九一三年の東北帝国大学による三人の女性への入学許可である。リベラルな知識人であった東北帝国大学総長・沢柳政太郎が史上初の女子学生入学を認め、そのことは当時大きな話題となった。日本ではじめて男女共に大学入学試験を課した結果、男性にまじって女性が合格することになった「事件」の舞台は、東北帝大理学大学（現理学部）であった（その時入学した黒田チカと丹下ウメは、理学士を取得後、化学者として活躍している）。制度的な性差別が撤廃された現代においても女子学生の比率が非常に小さく、その理由が論じられる時には「女性は先天的に適性に欠けている」という言説が提示されることが多い、理科系学部である。生物学的な違いを盾に女性を門前払いしてきた「学問の世界」の扉が最初に開かれた場所が、そこでの女性の活躍の乏しさが今なお生物学的な理由によって説明される科学技術分野であったことは、皮肉なことといわざるを得ない。

かつて、男性と平等に教育を受ける権利が――その他参政権など諸近代的市民権と同じく――女性に与えられないのは、女性の生物学的運命として当然視された。現在、法制度上教育機会の平等が保障されて半世紀以上経過したにもかかわらず、四年制大学、とりわけ理系学部への進学には男女間に格差が存在する。結果として存在している学歴や進路の性差は今度こそ生物学的運命論にゆだねられるべきなのだろうか。

その結論を採用する前に、近代的な学校教育システムがいかに男女を「後天的に」区別して扱っていたかをふり返っておこう。

2　学校教育システムにおける性差別の形態──「排除」「分離」「差異化」

近代社会には男女間に社会経済的な格差が存在しており、人材育成および輩出の社会装置である学校教育はいやおうなく格差の再生産に関わっている。学校教育は、学校以外の場に外在する性差別を反映し、自らのシステムに性差別を内在させることによって、男女間の格差や不均衡な関係を再生産する役割を担う。学校教育の内部に差別がどのように組み込まれるかは、社会の状況によって異なり、歴史的にも変化してきた。

学校教育システムに内在する性差別の、第一の形態は「排除」である。「排除」にもさまざまな様式がありうるが、ここでは、女性の入学を拒否するという、学校の「入り口」で起こる、もっとも素朴かつ野蛮なものを指す。性別を理由とした入学資格の剥奪は、すなわち、教育を受ける権利をもつ「近代的市民」のカテゴリーに女性を含めないことを意味する。

学校教育システムに内在する差別の第二の形態は「分離」である。「分離」が学校種別単位および学校単位でおこなわれる場合、当該学校（種別）の入り口における「排除」を必然的にともなう。「分離」と第一の「排除」との違いは、ただ女性から教育機会を奪うのではなく、男性向けのものと対になる女性向けの教育機会を用意するところにある。

ただし「分離」には、二つの場合がある。分離されるものの男女は同一の教育を受ける場合と、分離された男女が異なる教育を受ける場合である。前者については、「分離すれども平等」（separate but equal）」という主張で擁護されることもあるが、仮にカリキュラムをはじめとして同一の教育環境が保障されたとしても、分離することそのものが差別でありうる。その認識は、とりわけアメリカにおける公民権獲得運動が教育の人種隔離と闘ったプロセスで生まれている。

「分離」の後者の場合、性差別は教育内容の中にも埋め込まれる。学校教育が発展するにしたがって教育内容には多様性が生じるが、性別のみを理由としてカリキュラムが固定化されることは、本人の希望や能力と無関係に学ぶ権利が制限される機会の不平等である。また、教育内容そのものの中に、男女の優劣や男女に求められる規範の違いなど、性差別的イデオロギーが含まれている場合もある。男女がそれぞれ「のぞましい」とされるひな形に向けて方向づけられ、男女の関係や役割についての特定の価値観を教え込まされるという形態を、教育システムに内在する性差別の第三の形態「差異化」として位置づけたい。「分離」はかならずといっていいほど、この「差異化」をともなう。「分離」の項で先述したように、男女が別々に同一の教育を受けるという場合も考えられるが、「分離」していること自体が、ある種の教育効果を持つことは避けられない。

戦前の日本の学校教育システムは、「排除」「分離」「差異化」すべての形態が公的に制度化されたものだった。明治政府は近代学校教育のスタートにあたって、教育対象としての国民カテゴリーに女性も含めた。しかし、男性と同一カテゴリーとして扱うのは初等教育までにとどまった。中等教育以上は学校体系そのものが男女別に分けられ、高等教育機関においては徹底して女性を「排除」した。「分離」の典型である男女別学は、学校教育制度の初期段階ですべての学校に共通する基本原則として規定されている（一八七九年教育令）。異なる教室、異なる学校において、男女は異なるカリキュラムを学習する。その教育内容には「男尊女卑」的な価値観や固定的な性役割規範が豊富に含まれていた。中等教育段階では、男子は立身出世、女子は良妻賢母といった異なる教育目標が立てられ、別種の教育が強制された。教育システムの上位部分（中枢部分）からは女性を「排除」し、あらゆる場面で男女を「分離」し、別々の教育目標に沿って「差異化」する。「排除」「分離」「差異化」の三位一体によって、国家が特定のジェンダー秩序を内面化した人材を育成することを目指した制度、それが戦前日本の学校教育システムである。

3　教育システムの平等化と進路選択にみられる性差

戦前日本の学校教育に「排除」「分離」「差異化」の形で埋め込まれていた性差別は、男女平等を一つの柱とする戦後の教育改革によって、大きく様変わりすることになる。憲法一四条において男女の平等がうたわれ、その基本理念を受けて、教育基本法の第三条は「すべて国民は、ひとしく、その能力に応ずる教育を受ける機会を与えられなければならないものであって、人種、信条、性別、社会的身分、経済的地位又は門地によって、教育上差別されない」と、第五条は「男女は、互いに敬重し、協力しあわなければならないものであって、教育上男女の共学は、認められなければならない」とさだめ、それらの条項は教育における男女平等を支える法的基盤となった。高等教育は女性に門戸を開放し、新制度における公立の義務教育機関はすべて、公立の高等学校はいくつかの府県をのぞいたほとんどが、男女共学となった。複線型から六・三・三・四制の単線型へという教育制度改革の中で、男女の学校体系は統一されるとともに、男女別学校体系とともにあった教育内容の二分化も消えた。教育システムに内在する差別の三形態——「排除」「分離」「差異化」——は別のステージへと展開する。

「排除」が典型的にあらわれる高等教育機関については、戦後も残存していた一部の大学（防衛大学や商船大学）における女性の「排除」は、一九八〇年代末以降廃止された。女性であることを理由に入学資格を剥奪するという「排除」は姿を消したと言ってよいだろう。(2)「分離」と「差異化」については、国家による制度化は廃止されたが、共学環境の中にインフォーマルな形で（唯一家庭科のみはフォーマルな形で）、あるいは個人の自由な選択の結果として、形を変えて存在している。共学環境では、公的なカリキュラムではなく、学校の慣習や教員の言動によって伝達される「隠されたカリキュラム(3)（hidden curriculum)」のレベルで、「分離」と「差異化」が作用している。男女を区別し、異なるものとして扱う「隠されたカリキュラム」が家庭・マスメディアが発するメッセージと重なりあって、子どもたちに自分の性別を考慮した進路選択を促す効果を発揮する。学校段階をすすむにつれて女子と男子がそれぞれに「ふさわしい」とされる学校タイプや専攻分野に分化していくような、「自発的な」性別分化を推進

図1　2004年度高等学校（全日制）学科別男女比

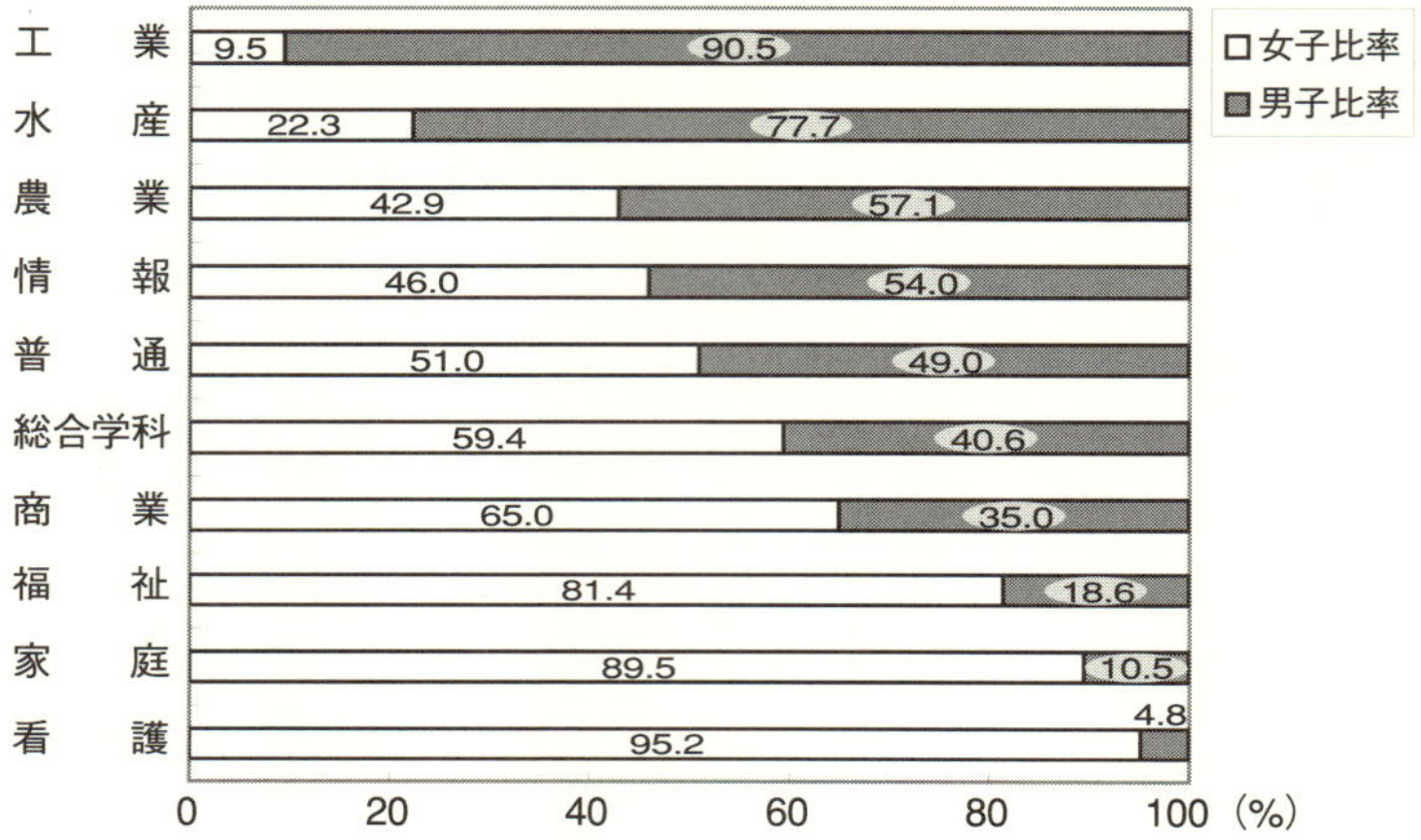

備考）文部科学省「学校基本調査」より作成。

する教育政策――女子向け高等教育機関としての短期大学の恒久化、家庭科の女子のみ必修化、高等学校多様化など――が、一九五〇年代から六〇年代にかけて打ち出されてきた。(4)

強制ではなく、選択肢として「男子向きコース」と「女子向きコース」を提供する戦後の学校教育制度が整備されてから半世紀が経過した今、四年制大学や大学院への進学率における性差、高等学校の学科や高等教育機関における専攻分野の偏りなど、就学経路上の性差はいろいろな形で存在している。専攻分野の偏りについては、理工系への女性進学者の少なさが特に目を引く。性差は後期中等教育段階から生じている。高等学校の学科別の男女比は図1のとおりである。この図は、男子の比率の高いものの順に学科を並べてあるが、性別比率は学科によって大きく異なることがわかる。

図2　大学学部専攻分野別の女性比率の推移
（1980年と2004年の比較）

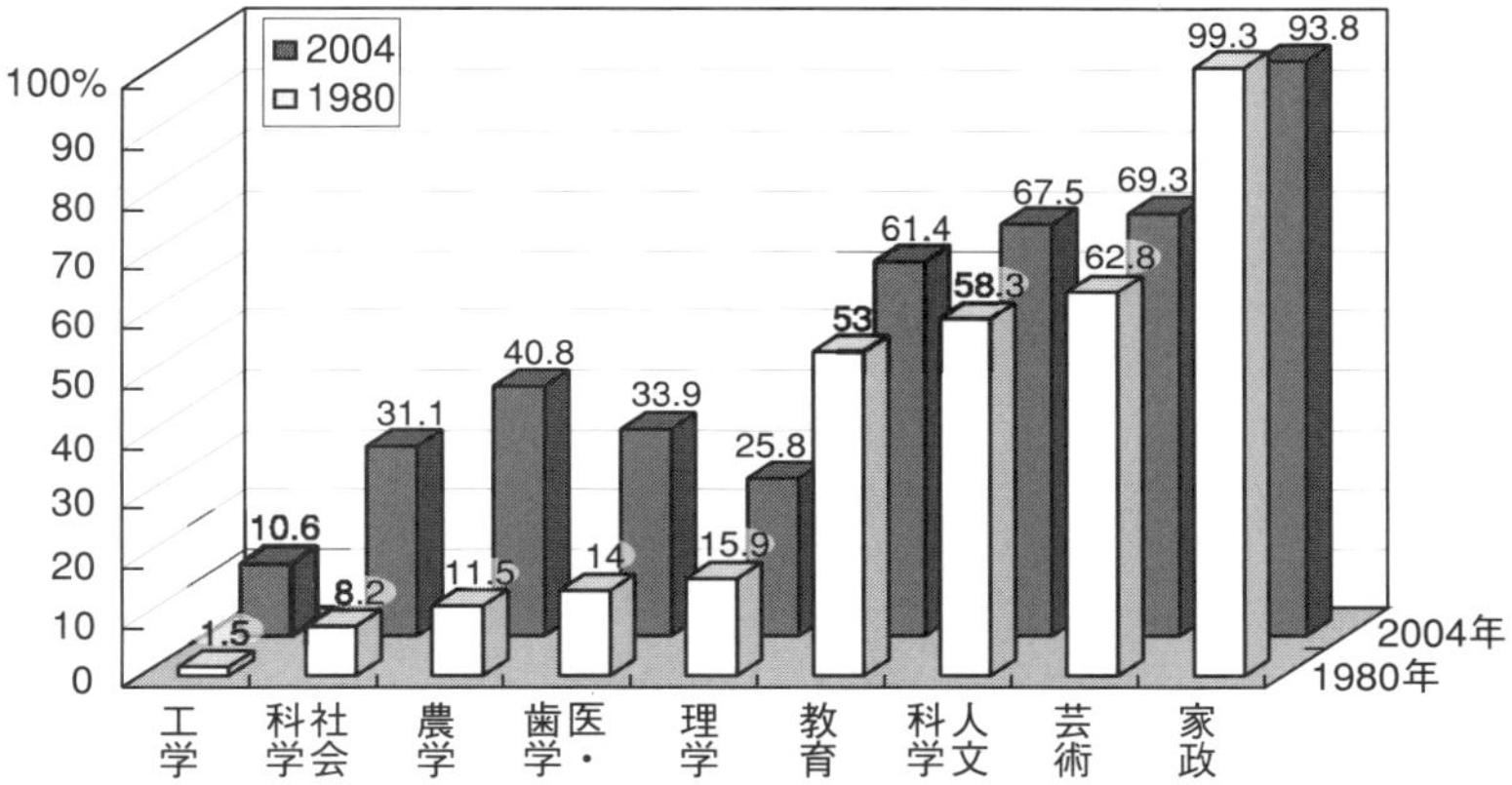

備考）文部省／文部科学省「学校基本調査」より作成。

専門分野の分化がすすむ高等教育段階では、男子は理系へ、女子は文系とりわけ人文科学系へという性別の選択傾向が明確化する。一九八〇年代以降女子の四年制大学進学率の急激な上昇とともに、理学部・工学部などの男子学生によってほぼ占有されてきた理系学部の女子学生比率は相当に増加してきてはいる（図2）。しかしながら、増加したとはいえ、二〇〇四年時点においても、理学部二五・八％、工学部一〇・六％といった状況である。

女子の理系進学率も、理系の専門職・技術者として働く女性の比率もまだまだ少ない。とりわけ日本は、他国と比較して科学技術分野への進出に関する男女格差がはげしい（小川眞里子『フェミニズムと科学／技術』岩波書店、二〇〇一。村松泰子編『女性の理系能力を生かす――専攻分野のジェンダー分析と提言』日本評論社、一九九六）。

4　理系分野への女子の進学の少なさ――脳の問題？

長い間、科学は男性の領域だとされてきた。そもそも女性には科学的思考の能力などはなく、ゆえに、科学者は男性ばかりである。例外はマリー・キュリーであり、彼女は特別な存在だ。

七〇年代末以降、こうした認識は三つの観点から批判されてきた。

一つは、優秀な女性科学者は実在したにもかかわらず、「おもて」の科学史に記録されてこなかったという見方である。二〇世紀も半ばになるまで、科学関係の権威ある組織のほとんどは女性を受け入れなかった。一七、一八世紀にも、アン・コンウェイやエミリ・デュ・シャトレといった優れた女性科学者、男性科学者の有能な助手として科学の発展に貢献してきた女性はたくさんいたが、歴史には残されてこなかったのだ。女性科学者や女性歴史学者が、そうした視点から科学史の見直しをおこない、従来の科学史の恣意性を指摘した（L・シービンガー『科学史から消された女性たち』工作舎、一九九二）。

今一つは、科学教育を受ける機会が著しく制限されていたために、女性の潜在能力の開花がさまたげられてきたのだとするものである。欧米においても一九世紀末まで、高等教育の門戸は女性には閉じられていた。いかに女性が科学から遠ざけられてきたかについて歴史的事実をふり返れば、女性科学者の稀少性は簡単に説明できる。

第三は、科学や客観性が男性性と結びつけられてきた歴史や現在の認識枠組みを問う科学哲学の視点である（E・F・ケラー『ジェンダーと科学』工作舎、一九九三。S. Harding, *The Science Question in Feminism*, Cornell U. P. 1986）。これは、上記二つの観点のいずれとも深く関連する。科学や科学の客観性概念が近代的な男性性概念とともに構築され、男性を中心として学問内容と学界が形成された結果、女性は理念的にも生活実態としても、果ては歴史的にもそこから締め出されてきたのである。

現代においても、理系分野への進学者の男女比のアンバランスは大きく、労働市場において理系の専門職・技術者として働く女性の比率は極端に少ない。なにゆえそのような性差が生じるのか。「自由な選択」が男女平等に保障されているはずの現代においても、理学・工学などを専攻する女子がこれほど少ないのはなぜなのか。

本章冒頭でも述べたが、今もなお根強い考え方は、そもそも男女には先天的に能力の違いがあるというものである。性差研究の歴史は長い。能力の性差の定説として、「言語能力は女性、空間把握能力や理数的能力は男性がすぐれている」というものがある。この点に関して、これまで多種多様な実験や調査が実施されてきた(5)。それらの結果は必ずしも一致するものではないが、多くの場合ある程度の性差が観察されている。しかし、観察された性差が先天的なものであるのか、後天的なものであるのかについては、当然のことながら判断不可能である。また、仮にそれらの性差が先天的な要因から生じていたとしても、発達プロセスにおいて不変的なのか、換言すれば環境要因によって変わりうるものなのではな

表1　教科と性別特性

「そう思う」と回答した比率（%）	小学全体	女子	男子	中学全体	女子	男子
数学や理科は、女子よりも男子のほうがとくいだ	32.3	29.3	35.3	34.7	36.6	32.8
国語や英語は、男子よりも女子のほうがとくいだ	34.7	38.0	31.5	35.7	37.2	34.3

※大阪府Ａ市内小学生・中学生対象の調査、1996年筆者実施
　調査対象者数＝小学5・6年生1201名、中学1・2年生778名
出典）木村涼子『学校文化とジェンダー』勁草書房

いかという疑問についても、はっきりした答えがあるわけではない。

近年、脳生理学の発展によって、「脳の性差」に対して新たな注目が集まっている。脳の構造にみられる性差（主として平均値の量的差異）を根拠に、男女の能力差やさらにはパーソナリティの違い、役割の違いの先天性を主張する議論もある。先端的な研究の進展が待たれるところであるが、脳の性差研究については、未知数の領域が多く、相反する結果もでている。また、脳の構造上の違いと、機能の違い、さらには顕在化する能力の違いをむすぶ説明はほとんどなされていない。これらのつながりは推測以上のものではないといわれる（ドリーン・キムラ『女の能力、男の能力』新曜社、二〇〇一。デボラ・ブラム『脳に組み込まれたセックス――なぜ男と女なのか』白揚社、一九九七。ロンダ・シービンガー『ジェンダーは科学を変える!?―医学・霊長類学から物理学・数学まで』工作舎、二〇〇二）。一九世紀以降、脳についてその時々の「科学的知見」が人種差別や性差別を正当化するものとしてさかんに利用されてきたことを考えれば、「脳の性差」論に対しても慎重な態度をとるべきであろう（スティーヴン・J・グールド『人間の測りまちがい――差別の科学史』

図3　理科を勉強するのが好きか

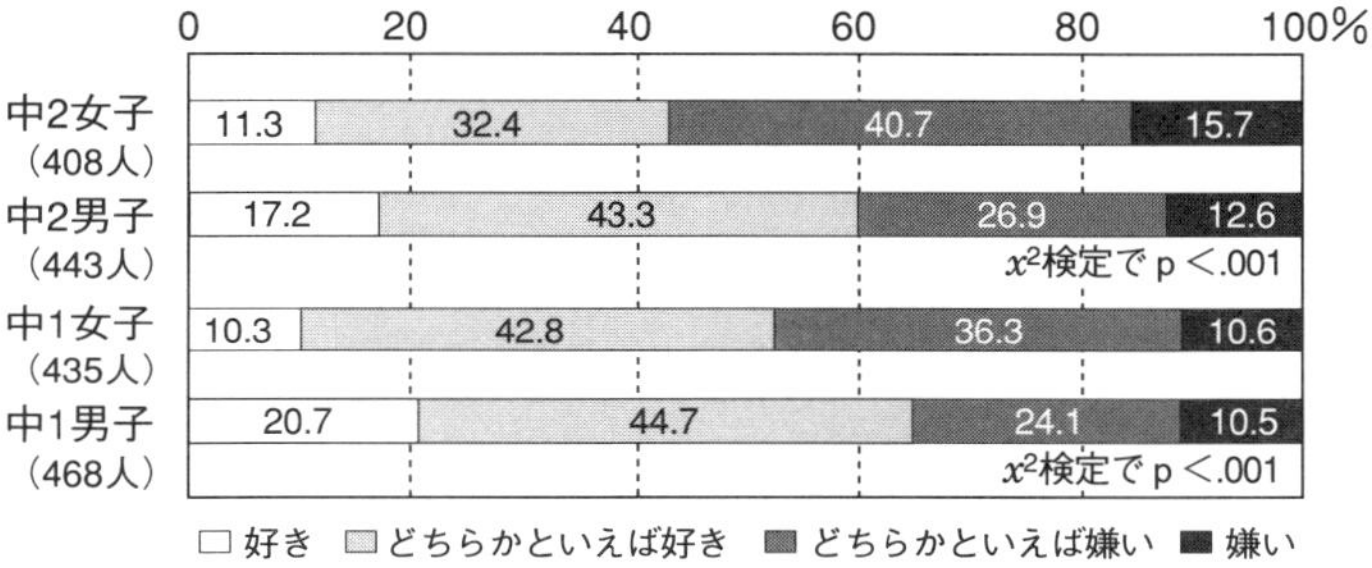

出典）村松泰子編『理科離れしているのは誰か—全国中学生調査のジェンダー分析』（日本評論社、2004）

河出書房新社、一九八九。シンシア・イーグル・ラセット『女性を捏造した男たち――ヴィクトリア時代の性差の科学』工作舎、一九九四。アン・ファウスト－スターリング前掲書）。

5　女子は本当に理数系が苦手なのか

科学がイデオロギーをささえ、イデオロギーが科学を枠付ける。「理数的能力と女性」という問題は、その相互作用が影響している典型例といえる。

「女子には理数系の能力が欠けている」という固定観念（とこではあえて考えてみる）が、女子の発達プロセスにおいてさまざまな形で障壁となっている。「数学や理科は男子の方がとくい」という身近な一般状況の認識は、児童期にすでに浸透しつつある（表1、木村涼子『学校文化とジェンダー』勁草書房、一九九九）。理科や数学を「嫌いだ」という女子は男子よりも多い（図3、村松泰子編『理科離れしているのは誰か――全国中学生調査のジェンダー分析』日本評論社、二〇〇四)。保護者の期待も、子どもの性別によって異なっている。たとえば、こんな調査がある。小学生一年から三年生の子どもをもつ母親に「母親からみて子どもは理系・文系どちらの適性があると思うか」という設問したところ、「理系」と回答した男子の母親は約五割であったのに対して、女子の母親では二五%にとどまった。適性の理由の上位は「算数の成績がよい」「計算が速い」。「子どもは算数が得意」と答えた男子の母親はやはり五割弱、女子の母親は三割強となっている(全国珠算教育連盟「母親の教育意識〝子どもの能力〟」二〇〇三年小学一年から三年の子どもをもつ母親対象)。子ども自身も保護者も、男性であるということを数学や理科の能力と結び付ける傾向がある。

では、実際に男子の方が算数の成績はよいのだろうか。

二〇〇〇年前後に注目をあつめた「学力低下」問題に対して、議論の基礎となる客観的データの収集のために実施された東京大学による「小・中・高校生の学力低下の実態把握と改善方策に関する研究」の関西調査は、小学生の算数・国語、中学生の数学・国語の正答率の規定要因を分析するために重回帰分析をおこなっている(『学校臨床研究第2巻第2号　学力低下の実態解明〈その1〉関西調査から』東京大学大学院教育学研究科付属学校臨床総合教育研究センター、二〇〇三)。分析をおこなうにあたって、性別・通塾の有無・勉強時間・宿題・幼児期の読み聞かせなどを独立変数として用いているが、いずれの教科においても性別変数はあまり大きな影響力をもっていない。小学生の算数については、値的にそれほど大きくはないとしても、女子であることが正答率を高めるという方向での統計的有意差が出ている。中学生の数学では有意差は消えるが、男子の正答率が高くなるわけではない（ちなみに国語に関しては、小学生・中学生ともに、女子であることが正答率を高める、統計的に有意な影響力をもっているという分析結果が出ている）。

一九九五年に実施された鍋島祥郎による三重県での大規模な高校生調査でも、すべての教科で女子の成績評定がまさっているという状況が明らかにされている（鍋島祥郎『高校生のこころとジェンダー』解放出版社、二〇〇三）。国語や英語関係教科ほどのひらきはないが、数学Ⅰ・数学Ⅱ・代数幾何・基礎解析・微分積分・確率統計、すべての数学関係教科において女子は男子より成績がよい。

国際的にみた場合はどうだろう。一九九五年に実施されたIEA（国際教育到達度評価学会）によるTIMSS（第三回国際数学・理科教育調査）の結果は、女子よりも男子の方が数学・理科の成績がよい国は確かに多いという事実とともに、あらゆる国でそうした傾向がみられるわけではないことも示している。この調査によれば、日本の中学生にも、物理・化学・地学において、男子が女子を上回るという成績差がみられる。ただし、日本には、学力差以上に「好き嫌い」および成績の自己評価の性差が大きいという特徴がみられるということが指摘されている。

OECD加盟国を中心とした一五歳人口対象のPISA調査（生徒の学習到達度調査）は、義務教育修了段階において子どもたちが将来の生活に必要な学力をどれだけ身につけているかを測定することを目的に実施されたものであり、学校教育のカリキュラム上のカテゴリーではなく、「読解リテラシー（Reading Literacy）」「数学的リテラシー（Mathematical Literacy）」「科学的リテラシー（Scientific Literacy）」

「問題解決能力（Problem Solving Skills）（読解・数学・科学といった個別領域を横断して思考することが必要な問題を解決する能力として二〇〇三年調査で新たに設定された）」の四つの力に総合化して測っている。

三二カ国が参加した二〇〇〇年調査では、「読解リテラシー」について、すべての国で女子の方が男子よりも高いという統計的な有意差が出ている。逆に「数学的リテラシー」については、男子の方が有意に得点が高い国は約半数にのぼったが、科学的知識の活用力をしらべた「科学的リテラシー」では、性別で統計的有意差がある国は七カ国のみであり、男女のどちらの得点が高いかについても、ほぼ半数づつに分れていた。

参加国が四一と増加した二〇〇三年調査では、「読解リテラシー」は一カ国（リヒテンシュタイン）をのぞくすべての国で女子の方が、「数学的リテラシー」は二七カ国で男子、一カ国（アイスランド）のみで女子の方が、「科学的リテラシー」は一三カ国で男子、三カ国で女子の方が高いという統計的な有意差がみられた。「数学的リテラシー」について、男子の方が高成績との統計的な有意差を示した国の割合は、二〇〇〇年調査での約半数から約三分の二へと増加しているが、全体的な得点差ということでいえば性差は縮小しているとの結果がでている（"Learning for Tomorrow's World: First Result from PISA 2003", OECD 2004）。

ちなみに日本の場合は、二〇〇〇年調査・二〇〇三年調査ともに、統計的有意差が男女間にみられたのは「読解リテラシー」のみであり（女子の得点が高い）、「数学的リテラシー」「科学的リテラシー」「問題解決力（二〇〇三年のみ）」のいずれにも統計的有意差はみられなかった。

計測された現状の結果を、脳の構造の違いによる男女の先天的な差異のあらわれとしてみるならば、ＰＩＳＡ調査の結果は、数学的能力における男子の先天的優位に関してよりも、言語能力における女子の先天的優位に関して、説得的な論拠を提供していることになるだろう。

ＰＩＳＡ調査報告書は、実際の得点の差以上に注目すべき事実として、子どもたちの数学に対する態度に大きな性差がみられることを指摘している（OECD, ibid）。女子は男子よりも数学に対して自信がなく、不安をおぼえ、無力感やストレスを感じている。調査結果は、女子の能力開発のためには、そうした状況を解消するための政策立案（policy making）が不可欠だとの提言を導き出している。

6　女性の理数的能力の開発をはばむ環境要因

欧米では一九七〇年代後半以降、「女子と科学・技術」「女子と数学」という問題が、教育的課題や社会問題として、さらには学術的探求のテーマとして、「立ち上がって」いる。それらに共通する基本的認識は、女子の科学的能力の開発をさまたげる環境を放置することは社会的損失につながるということである。

アメリカ、イギリス、カナダ、オーストラリアなどの国々では、女子の科学教育推進プロジェクトがすすめられてきた。体系的に取り組まれたものとして、イギリスの「GIST（Girls into Science and Technology）」や、オーストラリアの「WISTA（Women in Science and Technology in Australia）」などを挙げることができる。それらのプロジェクトは、女子の科学技術分野への進出を阻害している要因を調査・分析することによって、共学が女子に対して不利に作用していること（男女共に理科数学を学ぶ場面で男子が優先される、男子中心の学習になる）、女子には科学技術分野で活躍する同性のロールモデルが乏しいこと、科学技術分野への進学が将来設計に結びつきにくいことといった課題を明らかにしている。

日本では近年、村松泰子らによってこの問題についての本格的な調査研究がすすめられている。村松らは、理系を専攻した女子は周囲の大人・教師、特に父親の影響を強く受けており、周囲の大人の励ましや助言、ロールモデルが重要であること、女子の理系進学には親の経済的階層や学歴、職業的背景が大きく関わると分析している（村松編『女性の理系能力を生かす』）。理科の学習過程に焦点を当てた調査からは、「理科が好き」と考える子どもの比率が女子の場合中一から中二にかけて男子以上に減少すること、女子は生活上の理科的現象については関心をもっていても教科としての理科は「きらい」と考える傾向が強いこと（理科の中でも生物は女子が親しみを持ちやすい分野）、教室における実験場面では男子が中心となっていることなどが明らかにされている（村松編『理科離れしているのは誰か』）。それらの結果の多くが欧米での研究と共通していることは示唆深い。

「女子と科学技術」についての研究は、より男女平等な環境とされる共学を問い直すことにもつながっていく。現代的な共学論争は、共学よりも別学の方が女子にとってのぞましい教育環境となりうるのではないかという点をめぐって再興している。イギリスをはじめとする「先進国」では、理科系の科目の学業達成は、共学に学ぶ女子よりも別学に学ぶ女子の方が高い傾向があることが指摘されている（マリー・デュリュ＝ベラ『娘の学校――性差の社会的再生産』藤原書店、一九九三）。つまり、共学は理数系科目の成績の男女差を拡大するのではないかという疑問だ。男女が共に学ぶ共学環境においては、学習者として女子よりも男子が優先される状況が生じ得る。男子の学習意欲を加熱し、女子のそれを冷却するような、教師‐生徒関係のあり方および生徒集団内の力学が存在することは、相互作用に注目したクラスルーム研究で明らかにされている。先天的に男子に向いている領域と考えられがちな理数系科目はとりわけそうした事態に陥りやすい。現在、理科・数学などの科目において女子の成績不振を改善するために、女子のみの学習機会を意識的に設けることの必要性が改めて論じられている（Janice L. Streitmatter, *For Girls Only: Making a Case for Single-sex Schooling*, State University of New York Press, 1999）。

7　まだ閉じられている扉

科学技術分野につながる教育の扉は、二〇世紀半ばに大きく開かれた。しかしまだその扉は、男性をより歓迎しているようだ。

ＧＩＳＴやＷＩＳＴＡなどこれまで実施された「女子と科学技術」問題に関わるプロジェクトでは、ジェンダー・ニュートラルな教育制度と学習環境を整備するだけではなく、「数学＝男らしい」という考え方を意図的・計画的に是正していく必要があるとの政策提言がなされている（E.Byrne, *Women and Science: the Snark Syndrome*, Falmer Press, 1993）。女子の学習をサポートする人材として、女性のもつ理数系能力を具現化しているロールモデルと科学技術分野の学習を励ましてくれるメンター（よき指導者）の両方が重要であることも指摘されている。

科学技術分野への扉を本当に開かせるには、積極的是正策（アファーマティブ・アクション）が必要かもしれない。たとえば、女子の理科数学教育には別学が有効な場合があるとの指摘に沿って、女子の潜在的能力の開花をサポートする環境となるように、現存する女子校において理科数学教育を推進[6]したり、共学校においてあえて理科数学の別学場面をつくることが考えられる。これは、かつて女性に対する差別として教育システムに内在していた「分離」を、女子をサポートするため、男子優先という不利益から女子を守るために、意図的に活用する方法である。

あるいは、高等学校理数科や四年制大学の理系学部への女子の進学意欲を刺激するために、男女別の定員枠を設ける割り当て制度や経済的支援（補助）をすることはどうだろう。進学に際しての学力選抜は性別に関わりなくおこなうことを前提に、女子に特別の奨学金制度や学費免除の制度を設けることができれば、女子の理系進学に関して社会経済的な格差の影響を小さくする効果も期待できる。[7]これは、

「男子は理系、女子は文系」といった従来の方向とは逆方向の「差異化」を導入する戦略である。「分離」や「差異化」を導入するといっても、戦前のように国家による強制の形をとることはもはやありえない。現在尊重されている「主体的な選択」を、性別にとらわれない柔軟なものにするためには、「分離」や「差異化」の一時的な導入が有効であり必要なのだ。そうした努力は国際的な流れとなりつつあるようにみえる。しかし、女子は教育対象として周縁化されるという「排除」を免れることができないでいるということも、もう一方の事実である。

最後に、学力不振・低学力問題に対する社会的視線に含まれるジェンダー・バイアスを指摘しておきたい。年々の改善はみられるといえ科学技術分野への進出率の男女間格差は残存しているにもかかわらず、九〇年代後半以降男の子の成績の低さへの注目が集まり、学力不振(under-achievement)は男の子の問題とする風潮が高まっている。イギリスにおいては九〇年代末以降、つづいてオーストラリア、カナダなどで、男子の方が女子よりも数学の成績が低くなったとする「逆転現象」が憂慮すべき教育課題として注目を集めている。「逆転現象」については、二〇〇〇年に「数学教育世界会議」と「女性と数学教育の国際組織」で共に指摘され、国際的な話題ともなった。

学力不振は今や女子の問題ではなく、男子の問題であるとする立場からの研究がめざましい勢いで登場している。これらの研究は、多くの科目において男子の成績が女子のそれを下回る状態をまさに「危機」(crisis)ととらえ、男子の成績不振の理由を分析し、男子の成績を上昇させるための戦略を探求している（たとえば、Colin Noble and Wendy Bradford, *Getting it right for boys and girls*, Routledge, 2000）。いち早く男子の成績不振が問題となったイギリスでは、その根拠とされたGCSEなどの標準テストの男子の成績が近年低下したというわけではない。実は時系列的にみると、男女共に成績は上昇している。問題は、男子より女子の方が上昇率が高いということであり、女子との比較で男子の成績が低いことがモラル・パニックに値する危機とされた。男子の成績不振問題は今やグローバルな規模（とりわけ英語圏）でのpanicを引き起こしているといわれる（Debbie Epstein, Jannette Elwood, Valerie Hey and Janet Maw edited, *Failing Boys?: Issues in Gender and Achievement*, Open University Press, 1998）。

「学問」の扉には、まだ「男性優先」のマークが標されている。優先的に招待されていない側には、そのマークはよく見える。そのとき、扉をノックしようとする手から力が奪われていくのである。「女性」に生まれたことが理由で歓迎されないことこそが、生物学的な運命を感じさせるかもしれない。しかし、それはやはり運命などではない。

【注】

（1）ハーバード大学史上、教授会による学長不信任案決議は今回が初めて。ただし、理事会はサマーズ学長を支持、学長も辞任を拒否したため、学長罷免権をもたない教授会決議の効果は、教員による内外への意志表明にとどまった。

（2）女子の入学を拒否する高等教育機関が消えた一方で、男性であるために入学資格が与えられない高等教育機関は現在も多く存在する。しかし、女子大学に入学できないのは男性差別であるとして抗議する社会運動は、現在のところ起きていない。現行の女子大学は、男性にとって「困難を乗り越えても獲得したい選択肢」としては認識されないようだ。その事実は、性差別の存在を別の形で証拠づけているといえるのかもしれない。現代日本で生じている高等教育機関における男性の「排除」を、かつての女性の「排除」と同列の「差別」として扱うことはむずかしい。

（3）「隠されたカリキュラム（hidden curriculum）」とは、「潜在的カリキュラム（latent curriculum）」とも呼ばれ、「顕在的（overt curriculum）」と対をなす概念である。それは、「言明されることなく潜在的に伝達され受容されるカリキュラム」（『新教育社会学辞典』一九八九）と定義される。

（4）一九五〇～六〇年代にかけて、工業高校の男子校化、商業高校の女子校化という学校種別の男女別学、同一高校内における学科やコース別の男女別学が、実質的にすすんできた。工業科、水産科の男子クラス化、家庭科、看護科の女子クラス化がすすむ。一九六六年の中教審答申「後期中等教育の拡充整備について」に代表される、マンパワー政策としての高等学校多様化の流れは、男女の区別にもおよんでくる。同答申は「女子の特性に応じた教育的配慮も必要である」とし、その特性について「将来多くの場合家庭生活において独特の役割をになう」と明記した。女子の特性に応じた教育施策の一環として、一九六〇年の「家庭一般」の女子のみ必修（原則四単位、特別の事情あるときは二単位でも可）、一九七〇年には普通科の女子にはすべて四単位必修となった、家庭科教育の女子必修化が挙げられる。一九五八年に中学校「技術・家庭科」に名称変更、男子向きの生産技術、女子向きの家庭生活技術と位置づけられた。

(5) 一九八〇年代以前のものは、日本では東清和・小倉千加子『性差の発達心理』(大日本図書、一九八二)がまとめている、欧米では、エレノア・E・マッコビィ編、青木やよい他訳『性差——その起源と役割』(家政教育社、一九七九)によるレビューが包括的なものとしてよく知られている。

(6) 現実的な案として、二〇〇二年からすすめられている文部科学省によるスーパー・サイエンス・ハイスクール(SSH)指定を、女子校に積極的に割り当てることが考えられる。実際、二〇〇三年から二〇〇五年度にかけて指定を受けている群馬県立高崎女子高校は、「女子高校として、女子生徒のための科学的・数学的リテラシーを構築するとともに、女性科学者・技術者育成のための基盤づくりを目的とした理数系教育の指導方法と教育課程の研究開発」という目的の下、大学・企業の研究者を招いて、非常に充実したカリキュラムやイベントを開催している。

(7) 女子の進学に経済的援助をおこなうことの正当性は、現状において女子が被っている不利益の補償として考えることができよう。四年制大学の理系学部に女子が少ないということは、国家による資源の再配分という観点においても不平等が存在するといえる。理系学部の予算と文系学部の予算の違いは大きく、各学部の男女比のアンバランスを考えると、社会全体による教育投資という点で男子が格段に多くの恩恵を受けていることになる。

2 子どもたちが何を望んでいると語られてきたのか
——社会調査言説から見える子どもと家族の現在

小玉亮子

1 子どもが家族に望むもの

「子どもの願い」という言葉に親たちは弱い。それが子どもの願いだと言われると、それを受け止めなければと思う。子どもの幸福を願う親であればそれはなおさらのことであろう。

この切り札を冒頭にとりあげて編集されているのが、『家庭教育手帳』である。これは、一九九九年度から文部省（現・文部科学省）によって乳幼児の子育て家庭を対象に配付されるようになった冊子で、「子育てのヒント」や地域の子育てに関する情報がコンパクトに書かれてある。その最初の部分が、「子どもたちの一番の願い、それは何だと思いますか?」のページである。この親にとって見逃せない問いは次のように説明される。『あなたの家庭にもっと望むことがあるか』と子どもたちに聞いたところ、どの年代の子どもでも一番多かった答えは、『家族のみんなが楽しく過ごす』でした」。そして、文章はさらにつづき、「そんな当たり前のことを子どもたちが願わざるを得ない現実を、親として真剣に受け止めたいものです」（『家庭教育手帳』平成二三年度版、四ページ）という。

子どもたちが楽しい家庭を望んでいるといわれれば、そのとおりだろうと思うし、「そんな当たり前のことを願わざるを得ない現実」と言われれば、昨今耳にする家庭崩壊という言葉やあるいは、児童虐待や家庭における暴力などを思いうかべ心が痛む。そして、このページの下に書いてある「安らぎのある楽しい家庭をつくる、と決めよう[1]」と命じられれば、親たちに返す言葉はない。

しかし、なぜ、そういえるのだろうか。添付の資料[2]をみると、少しずつ疑問がうかんでくる。この資料の典拠となっている質問の集計結果からは、この「あなたの家庭にもっと望むことがあるか」という質問の回答には、五つの選択肢があることがわかる。選択肢には、この「家族のみんなが楽しく過ごす」の他に、「両親が仲良く暮らす」「子どもをよい人間に育てる」「老人や病人などを大切にする」「お金がたくさんある」があり、回答者はこの五つの選択肢から一つをえらぶのではなく、いくつ回答してもいいとされている。この回答の選択肢のうち四つは、夫婦、子育て、介護、経済といった相互に排他的なテーマから構成されているのに対して、当該の「家族のみんなが楽しくすごす」という選択肢は、夫婦や子ども、老人といったメンバーごとに独自な課題ではなく、メンバー「みんな」に関するものである。したがって、複数回答を求めているこの調査では、他の回答と最も重なり合う可能性が高い「家族のみ

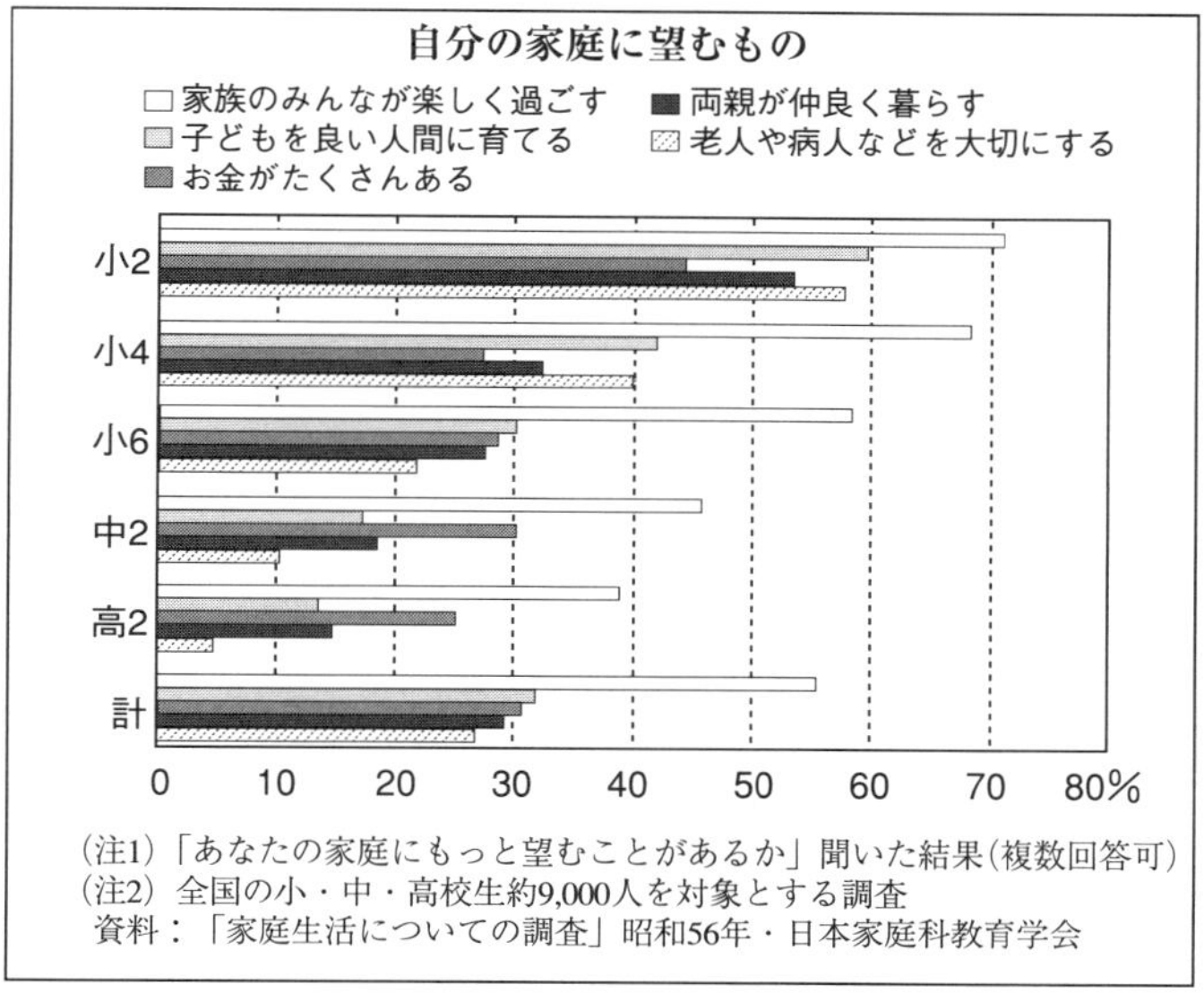

（注1）「あなたの家庭にもっと望むことがあるか」聞いた結果（複数回答可）
（注2）全国の小・中・高校生約9,000人を対象とする調査
資料：「家庭生活についての調査」昭和56年・日本家庭科教育学会

『家庭教育手帳』平成13年版、12ページより

んなが楽しく過ごす」という回答が、最も多くなることは当然のようにも思われる。

加えて、この『家庭教育手帳』は、乳幼児の子どもを持つ親たちむけのものであるが、「どの年代の子どもでも一番多かった答え」というものの、この調査は、小中高校生を対象としたもので、乳幼児の回答はここにはない。

だからといって、「安らぎのある楽しい家庭をつくる」のが子どもたちの望みでないということはできない。しかし、この調査だけから、子どもたちの「切実な」望みというものを、大人は語ることができるのだろうか。

調査に基づいて明らかにされる「子ど

もたちが語る家族」には、調査結果で得られた数値とともに、調査設計や調査分析にこめられたメッセージをかいまみることができる。だとするなら、それらは、何を語ろうとしているのだろうか。この調査やそれをとりまく言説が、子どもたちの望みを語ることで何を言おうとしているのか。そういう問題を立ててみることができるのではないだろうか。

子どもたちが答える調査は大人たちによって設計される。質問項目をえらぶのも大人たちであり、回答を用意するのも大人たちである。それを分析するのも大人たちであり、どこに強調点を置くかを決定するのも大人の視点である。もちろん、その大人たちは、自分の視点を子どもたちに押し付けているつもりは決してない。むしろ、現代の大人たちは、子どもが何を考えているのか、知りたがり、子どもたちの視線を気にしている。

子どもたちの望みを知ろうとした大人たちが何を語ってきたのか、以下でみていきたい。

2　子どもたちが望む母親

子どもたちが家族に何を望むのか、という調査が、親たちにとってたいへん興味深い質問であるのと同様に、子どもがどのような母親を求めているのかという質問も親にとっては見逃せない質問である。

それについて、以下に二つの新聞記事をあげてみたい。

ひとつは、「ママ、家にいて　六割が『勤めはイヤ』　不評の〃勉強しなさい〃現代中学生の母親観」。もう一つは、「『おかあさん、怒らないで』子どもの願いごと調査」。

この二つの記事について注目したいのは、これらが書かれた時代である。前者は一九六九年の記事であり、後者は一九九四年の記事である。この二つの調査結果が異なるのは、子どもたちが変わったからなのか、母親たちが変わったからなのか、あるいは、家族がかわったのか。

こういった問いに、人々は高い関心をよせてきたし、それは多くの場面で論じられてもきた。しかし、このような変化が論じられるときに、ともすれば、変化を論じるまなざしがどのような位置にたっているか、ということは不問にされてきたのではないだろうか。子どもも母親も家族も、その時代と無関係に生きているのではないように、変化を論じるまなざしもまた、その時代に社会がどのような問題を論じようとしてきたのかということと、無関係ではないのではないだろうか。

〈一九六〇年代という時代〉

「ママ、家にいて」は、一九六九年に掲載された新聞記事[3]で、住友生命社会福祉事業団による東京都内の中学生七三三人に「おかあさんをどうみるか」を調査した結果を報告したものである。この調査は多岐にわたる質問からなっているが、さまざまな結果の中で、なぜ記事では「六割が『勤めはイヤ』不評の〃勉強しなさい〃」という二つの論点が取り上げられたのだろうか。

まず、前者の「六割が『勤めはイヤ』」について考えてみよう。記事によれば、「母親が勤めにでることには、六三％が反対で、賛成は二二％。理由は『お母さんの健康が心配』というのが五五％で、母親思いの一面をのぞかせ、『話す時間がなくなる』二九％がこれに続く」という。確かにここでは、六割の子どもが、母親の就労に反対しているが、母親の就労に反対である理由は、「イヤ」だからというより、母親が「心配」だからである。もちろん、実際に子どもたちが母親を心配しているのかどうかはわからないし、本音のところでは、イヤなのかもしれない。しかし、少なくとも調査結果は、そのように出ていない。記事の中で、あえて「イヤ」という言葉がもちいられることによって、調査結果は、「母

ママ、家にいて

六割が「勤めはイヤ」

不評の〝勉強しなさい〟

現代中学生の母親観

「お母さん、お勤めにはいかないで」と願っている中学生が十人のうち六人強、「お母さんはしあわせ」と思っているものは十人中三・七人――。住友生命社会福祉事業団が、五月十一日の母の日を前に、東京都内六中学校の中学生七百三十三人に「お母さんをどうみるか」をアンケートした結果だが、現代中学生の母親観が浮きぼりされているようだ。

『朝日新聞』（夕刊）
1969年5月8日付

親は家庭にいることを子どもたちは望んでいる」というメッセージを発するものとなっている。

後者の「不評の〝勉強しなさい〟」という見出しの場合、母親に対して「いやだなあ」と思うときに関する回答が、「勉強しなさい、と成績をうるさくいうとき」が三〇％で最も高いことを考えると、確かにこの点が取り上げられたことはうなずける。しかし、次いで多かった「友達の問題に口出しするとき」が二四％であったことをあわせて考えてみると、子どもたちにとってより負担なのは、果たして「勉強」なのかどうか疑問である。この二つの項目の共通点は、「うるさくいわれる」とか「口出しされる」という母親による子どもへの干渉である。すなわち、子どもたちは、干渉されることに対して批判的に反応しているといえるのではないだろうか。こう考えると、調査分析が、子どもにとって問題なのは、母親が言う内容なのか、母親の対応の仕方なのか、その相違に十分配慮していないのではないか、という疑問が浮かぶ。

この記事を一九六〇年代という時代状況のなかで再検討してみると、むしろ、直接には、子どもの声が示されているというより、当時の社会的要請を見ることができると考えられるのではないだろうか。

一九六〇年代を中心に高度成長期と呼ばれた時代は、日本の経済が右肩上がりに成長し、成長と進歩、そして人々の地道な努力が、疑うことなく結びついた時代であった。この時代は、現在とちがって核家族化、女性の主婦化、少子化がまさに進行した時代であった。サラリーマンと結婚し、団地で専業主婦となり、子育てに専念する、そういった女性のあり方が急速にひろがった時代である。このように考えると、「勤めはイヤ」なのは、もはや働かなくてもすむ女性を理想とするような母親たち自身であり、家庭を守る女性を必要とした社会の要請であったともいえる。

右肩上がりの成長が信じられたこの時代は、また、努力すれば上昇できる、という上昇神話も生きていた時代であった。学校への信頼も大きく、子どもたちの不登校率がもっとも低い時代であった（滝川一廣「脱学校の子どもたち」井上俊他編『こどもと教育の社会学』岩波書店、一九九六）。この時代、「ふつうの子どもたち」が直面する最大の問題といえば、成績の問題だった。しかし、勤勉であることを望む社会は、同時にその社会がもつ問題性も告発していた。教育ママという言葉は、この時期、母親たちを揶揄する言葉として知られるようになっていた。

この点を踏まえるならば、この記事は、「子どものことに専念すべき、しかし、受験へと子どもを追い立ててはいけない」、という当時の社会がもっていた母親に対するメッセージとあまりに一致するものといえるのではないだろうか。

〈一九九〇年代の問題は何か〉

それでは、もう一つの調査に関してはどうだろうか。

『お母さん、怒らないで』　子どもの願いごと調査」は、一九九四年の新聞記事である。[4] これは住友生命保険による小学生約六百人と、親約六百人を対象とした調査である。記事は、小学生の「お父さん、お母さんへのお願いごと一位は、父親には『いろんなところに連れてって』（三四％）、母親には『あまり、怒らないで』（三八％）だった」と伝えている。この調査はサンプルの抽出方法等で検討の余地があるが、それでも記事の見出しとなった「お母さん、怒らないで」という言葉は注目される。

　これは何を意味しているのだろうか。現代の母親たちは子どもたちを頻繁に叱りつけているのだろうか。そのような現実があるからこそ、子どもたちがそうでない母親を望んでいるのだろうか。

　もしそうだとするなら、この調査のなかで、子どもたちが父親に「いろんなところに連れてって」と望んでいるのは、父親があまり子どもたちを連れて歩かないから、連れていってほしいと望んでいるということになるのではないだろうか。

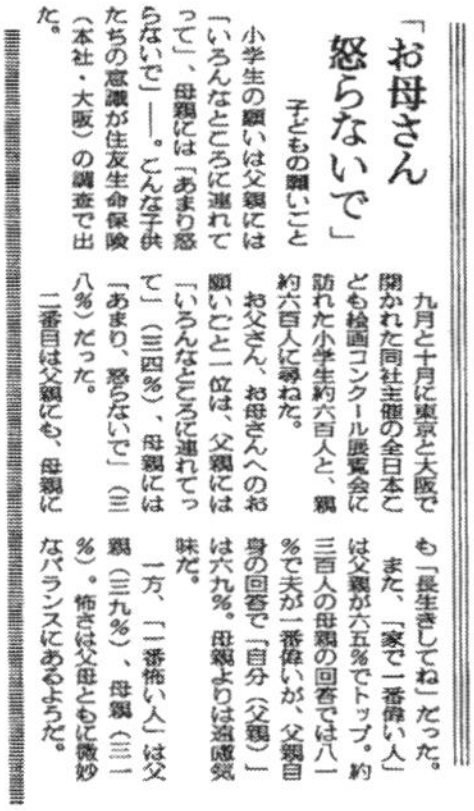

「お母さん怒らないで」

子どもの願いごと

小学生の願いは父親には「いろんなところに連れてって」、母親には「あまり怒らないで」――。こんな子供たちの意識が住友生命保険（本社・大阪）の調査で出た。

九月と十月に東京と大阪で開かれた同社主催の全日本こども絵画コンクール展覧会に訪れた小学生約六百人と、親約六百人に尋ねた。

お父さん、お母さんへのお願いごと一位は、父親には「いろんなところに連れてって」（三四%）、母親には「あまり、怒らないで」（三八%）だった。

二番目は父親にも、母親にも「長生きしてね」だった。

また、「家で一番偉い人」は父親が六五%でトップ。約三百人の母親の回答では八一%で夫が一番偉いが、父親自身の回答で「自分（父親）」は六九%。母親よりは遠慮気味だ。

一方、「一番怖い人」は父親（三九%）、母親（三一%）。怖さは父母ともに微妙なバランスにあるようだ。

『朝日新聞』
1994年11月26日付

　例えばこの同じ一九九四年に、学研でおこなった調査では、一〇年前に比べて夏休みの家族旅行に出かける子どもたちは、五％増加して、四分の三に上っている。学研の調査は経済的に恵まれた子どもたちを対象とした調査であるため、家族旅行に出かけるという回答はかなり高く出ているとも考えられるが、それにしても、家族旅行に出かける子どもたちが増加している点は重要であろう。

　こういった結果から、子どもたちが父親に対して「いろいろなところに連れてって」と望むのは、父親が子どもをいろいろなところに連れていかないから望むのではなく、むしろ、父親が連れていってくれるからこそ期待する、と考えられるのではないだろうか。

だとするなら、再び「怒らないで」という母親への希望について考えてみると、このような願望が語られるのは、母親たちが怒ってばかりいるという現状があるからだとは言い切れない。

一九六〇年代と一九九〇年代の相違を考えるとき、注目される社会問題の一つに児童虐待がある。いまでこそ、多くの人の注目を集める社会問題である児童虐待は、実は最近ようやく注目されるようになった問題である。一九八〇年代前半には、児童相談所にもちこまれる児童虐待の相談件数はわずか数百件にすぎなかった。それが次第に増加し、八〇年代末には数千件となり、現在では数万の単位になってきている。特に、一九九〇年以降児童虐待に関する社会的関心が高まり、虐待に関するネットワーク等がつくられてきた。虐待の加害者の第一位が実母という統計や、育児雑誌等の「子叩きの母」たちのカミングアウト等によって、社会は虐待母を非難し、同時に、すべての母親をその可能性を持つものとして見るまなざしを手に入れることになった。

このような状況において、「お母さん、怒らないで」という「子どもの願望」が、その時代の社会の母親に向けた非難のまなざしとあまりに一致する、とみるのは、うがった見方なのだろうか。子どもの望む母親を探ろうとする調査から導き出される母親像が、○○ではない母という、否定形であることは、現在の母親のあり方を批判する、そういう言説として構成されているといえる。六〇年代には、受験に駆り立てる母、九〇年代には子どもを虐待する母と、時代は変化し、告発される内容は違っても、くりかえし母親たちは批判される対象であり続けている。

3　高度成長期の家族

みてきたように六〇年代と九〇年代の母親観が、母親批判として連続性をもっていることをふまえて、つぎに、母親批判を表す言葉の一つである母子密着という言葉に注目したい。というのも、受験に駆り立てる母も、虐待する母も、母子密着の状況の中で生じた問題という理解がなされることが多いからである。

このような母子密着の状況が問題として捉えられるようになった背景には、第二次大戦後、日本が現在のような経済大国になるべく経済の復興に邁進した高度成長期と呼ばれる時代があった。この時期、いまではもう死語の仲間入りをしたのかもしれないが、企業戦士という言葉があった。戦争のメタファーは戦場以外で使われ続けているが、このことは戦時下の社会システムがその後も継続していったことを言い表しているともいえる。かつて戦場で戦った夫や父は、戦後は企業という戦場で戦うことになり、銃後を守った女たちは、今度は企業戦士たちのやすらぎの場を守る役割を担うことになり、子どもたちをもまた戦士として養成しようとした[5]。こうしてみると男性と女性の役割構造は戦中戦後を通じて維持されたということができる。

しかし、「維持された」と単純にいうことができないような事態が、高度成長期の家族の変化ではおこり、しかも、この高度成長期に作られた家族のあり方がその後変化したにもかかわらず、いまだに私たちの家族イメージに亡霊のように取り付いているといってもいいのではないだろうか。

たとえば、「核家族化」という言葉を考えてみたい。この核家族という言葉自体は一九五〇年代に英語の翻訳語として入ってきた言葉であるが、またたくうちに日常語として普及し、現在でもよく使われる言葉となった。例えば、市民生活について語られる場面で、新聞でも行政文書でも、「核家族化の進行によって……」という言い回しを、見つけることは容易である。こういう言い回しでは、核家族化はネガティブな意味合いで語られることが多い。「核家族化の進行によって母親たちは孤立し……」「核家族化の進行によって孤独な老人の一人暮らしが増え……」など。現在でも、あらゆる家族問題の原因に核家族化があるように語ることが可能となっている。

しかしながら、実際のところ現在、核家族化は進行していない。仮に、総世帯数にしめる核家族の割合が上昇することを核家族化とするならば、核家族化が急速に進行したのは高度成長期であったことは、周知の事実である。全世帯に占める核家族の割合は、すでに大正期に五〇%を超えていたが、高度成長期にはそれが七〇%台に上昇する。しかし、核家族比率の増加も七〇年代までで、一九八〇年代以降、総世帯数にしめる核家族の割合は現在でも減少し続けている（『厚生白書』、一九九八）。つまり日本で核家族化が急速に進行したのは、今から四半世紀前のことである。にもかかわらず「いまだに」私たちは現在家族を語る場面で、「核家族化によって……」という語り方をしている。

現在の家族イメージを拘束する高度成長期の家族像は、核家族化だけではない。それを「主婦化」という言葉で示したのが、落合恵美子である。日本の女性の年齢別労働力率は、三〇歳代でいったん下がりその後また再び上昇するため、年齢別の就労率を線で結ぶとそのカーブがM字型を示すことになり、M字型曲線と呼ばれている。これは、日本の女性たちが学校を出て就労したあと三〇歳前後にいったん離職し、またしばらくすると何らかの就労をおこなう、というライフコースをとることをしめしている。落合は著書『21世紀家族へ』(有斐閣、一九九四)のなかで、このようなライフコースをとる女性たちが、高度成長期以降に増加したことを指摘する。産業構造の変化に伴う就労形態の変化、住宅事情等、さまざまな要因がこのような家族のあり方を促進してきたが、同時に、「子育ては私の手で」という母親たちの意識がそれを支えたことは重要であろう。高度成長期という時代は、核家族、専業主婦、子ども二人、という家族像が一定程度現実のものとなり、それが家族イメージとして定着した時期であったということができる。

しかしながら、この理想の家族形態は同時に批判の対象ともなった。一九七〇年代初頭のオイルショック以降、高度成長期が失速していった一九七六年に出版されたのが『母性社会日本の病理』(河合隼雄、中央公論社、一九七六)という本である。出版されるや否や、この本のタイトルはみるみる一人歩きしていった感があるが、さらに、一九七九年には『母原病』（久徳重盛、サンマーク出版、一九七九）という、母子密着を問題化するいわば決定版ともいうべき著作が出版される。

他方、父親はどうかというと、高度成長期の父親に求められていたのは、なによりも労働者として、日本の戦後復興と高度成長を支えていくことであった。高度成長期にサラリーマン層が急速に厚くなっていったが、サラリーマンとなっていった父親たちは、ベッドタウンと呼ばれる住宅地が都心から離れたところに形成されていったことも影響して、朝は子どもが起きる前に家を出て、夜は子どもが寝てから帰ってくる、そういう生活を余儀なくされていた。父親は仕事一筋であることが賞賛され、母親の務めは、父親が家庭に煩わされることなく仕事に没頭することができるように家庭を切り盛りすることであった。単身赴任という言葉が盛んに言われるようになったのも、この時期である。

むしろ問題としての「父親不在と母子密着」という状況は、仕事に専念する父親と家庭に専念する母親が、ともにそれぞれの理想の姿を追求する中で作られてきた問題状況だといえる。

こうして、母親の問題性が問われるとき、父は不在であることが非難されるのであるが、その場合父は加害者として責められるのではなくて、父よ、家庭にもどってこいというふうに、しばしば父親がいれば子どもの問題は回避できたという論理構成になっているのではないだろうか。この父親不在について、もう少しみておこう。

4 「父親不在」という言説

〈父親なき社会〉

戦後日本の父親論のなかで、父親の存在感の欠如に関する言説がいつごろから盛んに取り上げられるようになったのかをみるとき、一九七二年のミッチャーリヒの『父親なき社会』の邦訳の刊行がタイムリーなものであったという点に着目することができるだろう。[6] この本は、その多くを子どもの成長における原理論的な分析に費やしたもので、本書が注目されたのは、その内容というよりむしろこの題名にあったといえるのではないか。[7]

例えば、このミッチャーリヒの著書のタイトルに呼応するものの一つに、NHK総合テレビ番組で一九七三年六月に放映された「未来の家族――父なき社会の家族論」がある。この番組をまとめた著作の中では、次のような認識が示されている。「戦後、日本の状況の推移の中で、さまざまなものが失われ変質していった中で、最も身近で普遍的な際立ったものとして、父権の喪失と父親の役割の変質がありました。現在、日本は父親不在の時代であり、父なき社会にあるとさえいわれています」(NHK「70年代われらの世界」プロジェクト編『オヤジ――父なき社会の家族』ダイヤモンド社、一九七四、iページ)。

この番組を作るにあたっては、番組独自に一般の成人を対象としたアンケートがおこなわれ、その結果はつぎのように分析されている。「第一章　現代オヤジの像」の冒頭で、「1　オヤジは生計維持者でしかない」という。このタイトルをつけるもとになったのが、「家族の代表者からまとめ役に」（同前、四ページ）というアンケート結果である。ここでは、「戦前の家長制家族ではすべての父親は家長として家族を代表していた」という前提から議論が進められ、父親を家族の代表者とみなす回答が二五・〇％であることから「日本では父親の権威が失墜した事を示している」と結論付ける。しかし、「家族のまとめ役」、「家族の相談役」、「家族の代表者」といった、父親の存在感を示す回答をあわせると七五・七％になることには言及されていない。むしろ、「生計維持者でしかない」と回答した八・七％が、「現在の父親たちの最も苛烈な一面をしめるものである」として注目され、節のタイトルとして取り上げられている。

また、「戦前の権威主義的で暴君型の父親はカゲをひそめてしまった」と指摘しつつ、子どもの叱り方に関しては「殴る」という回答が少ないことをさして、なぐらない父親ではなくて「なぐれない父親」という言葉があてられることになる。

さらに、この独自の調査に加えて、七〇年代の世論調査を援用しながら、父親と子どものコミュニケーションの欠如が強調される。ここでは、現代の父親は子どもとの「対話型」を志向しているが、「父親のイニシアティヴを取っておこなわれる話し合いが極めてすくないことがわずか一・二パーセントという数字に明らかに示されている」として、「コミュニケーションに欠けている」（同前、六ページ）との指摘がなされる。しかし、「父親と子どもの話し合いの機会を持つ」ということはどのような状況なのであろうか。しかも、調査がたずねた「定期的に」おこなう話し合いとはどのようなイメージで捉えられるのだろうか。調査では「夕食に雑談する程度」というイメージしやすいものに五八・七％というもっとも多くの回答が集まっている。他の選択肢が不明瞭なこともあり、たんなる雑談以上の会話もここに含まれるのではないだろうか。

このアンケート結果は、どこに強調点を置くかで、権威主義的でない存在感がある対話型の父という父親像の描き方も不可能ではない。にもかかわらず、ここでは、「番組で行ったアンケート調査をはじめ、さまざまな調査結果や統計に現れている、父親の権威の失墜、地位の低下、自信喪失、孤立状態」（同前、一〇ページ）が確認されたと論じる。そして、結論は、以下のようになる。

「母親たちは、父親の無力さをなじり、無気力を叱咤していた。若者たちは、父親を無視し冷笑し否定した。世代の断絶は、父親と子どもの間で最も先鋭化していた。若者たちも母親も、家族のだれもが『オヤジはダメなのだ』といい、父親自身も自嘲的にそれを認めていた。

まさに、日本の戦後史は、父親がダメになってきた軌跡そのものであり、今や、日本の家族はほとんど父親不在の状況にあった。

日本は現在、父なき社会であり、父親不在の時代にあるといえた」（同前、一九ページ）。

〈子どもたちからみた父親〉

七〇年代初頭に、父親不在が宣告されたが、子どもたちから見た父親の調査はどのようにそれを語っていたのだろうか。

世界青年意識調査[8]は、七〇年代以降継続的におこなわれた青年を対象とした調査であるが、その中に、あなたの父親は「子どものしつけや教育などに関して、自信のある態度をとっていますか」という問いがある。これに対して「はい」という答えは、七〇年代には、五八・二％（第2回）であった。この数値をどう読むかは意見の分かれるところであるが、興味深いのは、経年変化をみてみると、九〇年代には七〇・一％（第5回）に伸びていることがわかる。また。「子供の社会性について指導していますか」では、「はい」が五五・六％から六六・九％に、「家族のものと家庭内の事柄については話し合う時間を作っていますか」について「はい」が五二・七％から五六・七％と上昇している。この結果は、父親不在と言われた高度成長期以降、次第に父親の存在感が増加している結果として読むことも可能である。

他方で、「家庭内の重要な問題についての主導権を握っていますか」について、「はい」は、八一・〇％から七八・三％に減少している（総務庁青少年対策本部『第5回世界青年意識調査細分析報告書』一九九五、一四八ページ）。

ここから、父親の子どもに対するしつけや指導力が強化され、話し合いがよくおこなわれるようになっていることが示され、他方で、父親の主導権に関しては若干低下していることも示唆される。

この部分では、家庭内の父親の相対的地位の低下を示していると読めなくもない。ところが、これについて、諸外国と比較してみると、アメリカの七六・一%から六三・一%への減少、旧西ドイツの六四・九%から五〇・五%への減少、と日本と同じく低下している。同じ現象であるにしてもこれらと比較すれば、日本はアメリカや旧西ドイツと比べて、相対的に父親が主導権をもっていることが明らかになる。

さらに、家庭教育に関して父親と母親の役割分担に関して、八七年の総務庁の父親についての国際比較調査[9]を参照してみると、「家庭教育に関して、日本の父親が最も関与しているのは『社会のしくみを教える』ことであり、これに『道徳的なことを教える』『お金の価値を教える』『礼儀作法を教える』が続いており、子どもが社会人として身につけるべき知識や徳育への関与度の高さがうかがえる」(総務庁青少年対策本部『日本の父親と子ども――アメリカ・西ドイツとの比較』一九八七、九四ページ)という。全体としては、「一三項目中九項目で『主に母親』がやることが多く、その他の礼儀作法や道徳的なこと、お金の価値、社会のしくみを教えるといったことについても母親は父親とともによくやっており、全体として家庭教育における母親の分担の比重が高いことがうかがわれる」(同前、九六ページ)という。

ここでも、総体としては母親の役割が大きいものの、父親に特徴的な役割もあり、重要な問題や社会といった広い視野に立つ問題に関しては、「父親の出番」であるとされている。

〈聞かれたこと、聞かれなかったこと〉

父親の不在が強調されるようになって以降、父親の現状とそのあり方を問う社会調査はくりかえしなされてきたが、そういった調査分析のなかで、「父なき社会」という現象を把握することは極めて困難である。むしろ、分析は、あるものでは、父親たちの存在感が強まってきたと論じ、また別のところでは、父親は母親との役割分担において、社会化にかんする重要な役割を果たしていると論じてきた。[10]

こういった結果は、これまで見てきた調査において、「父なき社会」「父親不在」「父親の存在感の希薄化」という現象を「論証」するのは困難であることを意味している。しかし、同時にこの調査の中には、こういった言葉が意味するものの手がかりがある。

総務庁の一九八七年の父親に関する調査の中に「あなたのお母さんは、お父さんのことをどのくらい大切にしていると思いますか」という質問がある。その回答は、以下のように分析されている。

「母親が父親を〈大切にしている〉場合の方が、『頼りになるのは……』『わかってくれるのは……』『尊敬しているのは……』の各項目で『父母両方』をあげる子供が多く、逆に〈大切にしてない〉場合には、『尊敬しているのは……』で『どちらもちがう』と回答する子供が多いほか、『頼りになるのは……』で『母親』をあげる子供が多い」。

「母親が父親を〈大切にしている〉場合の方が、父親に対し、『尊敬できる』『頼りになる』『やさしい』と肯定的イメージをもつ子供が多く、〈大切にしていない〉場合の方には、『怒りっぽい』『がんこ』『自分かって』などと否定的イメージをもつ子供が多い」（同前、八五～八六ページ）。

ここで示されているのは、母親が父親を大切にすれば、父親は子どもから肯定的に受け止められ、頼りにされ、かつ尊敬される。他方、母親が父親を大切にしなければ、子どもたちから否定的に見られることになる。父親の存在がどう認知されるかは、母親に依存するというものである。調査分析は、現代の家族の中で、母親が鍵を握る存在であることを示しているということができる。

とはいえ、このことが母親の地位が高いことを指しているわけではない。むしろ、これが示すのは、父親と母親の関係の非対称性である。

例えば、この質問を逆転させてみよう。すると、「あなたのお父さんは、お母さんのことをどのくらい大切にしていますか」となる。このような問いは、この調査において問われることはなかった。

もちろん、総務庁の一九八七年の父親に関する調査の場合、この質問がないのは、父親に関する調査であるため、母親に関しておなじ質問をする必要がないということなのかもしれない。しかし、この父親調査と対応する一九八七年になされた母親に関する調査においても、この質問はなされていない（総務庁青少年対策本部『日本の子どもと母親—国際比較—』一九八七）。

このような、父親と母親の関係の非対称性を、また別の調査の中に見出すことは難しいことではない。例えば、先にみた世界青年意識調査において、子どもたちに尋ねた質問項目は、父親に関する質問と母親に関する質問はそのすべてが同一であったわけではない。この調査において、第2回から第5回まで、父親についてのみ「家庭内の重要な問題について主導権を握っていますか」という質問がなされてきた。第6回になってはじめて改訂され「あなたの育った家庭では、家族内の重要な問題について、お父さんとお母さんのうちどちらが主導権を持っていますか」と父親と母親の両方を視野に入れた質問となっている。つまり、第5回まで、家庭の中の地位が問題になるのは、父親だけであることが、この質問紙の前提とされてきたのである。

このようにみてくると、これまでの「不在」や「存在感の希薄化」を問題にする視線は、はたして、父親の問題性を問うものであったのだろうか、という疑問が浮かぶ。この視線は、父親の地位の低下に言及しつつ、むしろ、それを「支えるべき」母親の問題性を問う議論であったといえるのではないか。

例えば、父親の「不在」や「存在感の希薄化」をくりかえし論じてきた中央教育審議会の答申はつぎのように言う[11]。

「父親が適切な影響力を発揮できるよう、母親は、パートナーとしてそれが可能になる環境作りに配慮すべきである。よく言われることであるが、母親が子どもの前で父親を誹謗したり、見下したりする態度を示すことは、子どもの父親像をゆがめ、多大な悪影響を及ぼすことは明らかである。父母が互いの人格を尊重し、経緯を持つことが極めて大切であり、そうした姿を子どもたちに示してほしい」（「新しい時代を拓く心を育てるために―次世代を育てる心を失う危機―」〔中央教育審議会（答申）平成一〇年六月三〇日〕文部省、一九九八、四一ページ）。

5　子どもの視点と近代家族

現在、父親不在がくりかえし論じられ、孤立化する母親たちにとって、夫の協力がどれほど重要であるか、強調されている。そんな中、厚生省（当時）が掲げたスローガンが「育児をしない男を、父とは呼ばない」（一九九九年）である。これは、これまでの父親と母親の非対称性を乗り越えるべく掲げられたということができるだろう。

しかし、「お父さんは、お母さんをどのくらい大切にしていると思いますか」という問いが、「お母さんは、お父さんをどのくらい大切にしていると思いますか」という問いと、コインの裏表の関係にあるとしたら、後者が持っていた母親に対する非難のメッセージは、それを裏返した時に、今度は逆のベクトルから父親を非難するのではないか。そして、「育児をしない男を、父とは呼ばない」という言葉の裏には、「育児をしない女を、母とは呼ばない」という言葉があるのではないか。

近代家族は、強い情緒性と閉鎖性をその特徴としている。その閉鎖的な空間で、父親と母親が対峙し子育てをおこなっている。現在求められている父親と母親の非対称性の解消が、相互に子育てを強迫するのだとしたら、結局は、母親を責める言説の構造は変わらないままなのではないだろうか。いま求められていることは、父親と母親の間の非対称性を単に解消するのではなく、子どもを中心とした近代家族の構造それ自体を脱構築していく方向ではないだろうか。その際重要になるのは、近代において神聖化された「子どもの視点」（小玉亮子「『子どもの視点』による社会学は可能か」井上俊・上野千鶴子・大澤真幸・見田宗介・吉見俊哉編『岩波講座現代社会学第一二巻　こどもと教育の社会学』岩波書店、一九九六）を問い直すことであろう。

近代家族は子どもを中心に構成され、子どもを最強の切り札にしながら、「近代において勝利した」（アリエス著、杉山光信・杉山恵美子訳『〈子供〉の誕生──アンシャン・レジーム期の子供と家族生活』みすず書房、一九八〇）。そのような中、あまりに有名になった「子どもから」という新教育の思想が登場する。それ以降、一世紀以上の間、「子どもの視点」は子どもについて論じるときに、決定的に重要な役割をはたしてきた。この「子どもの視点」はまぎれもなく、現状の社会のあり方を告発するものとして作用してきたのである。しかしながら、みてきたようにこの「子どもの視点」による告発もまた、ジェンダー・バイアスから自由ではない。

大人によって言説化された「子どもの視点」は、近代における父親と母親の非対称的関係を支えている。以上のことを踏まえるならば、「子どもの視点」を神聖化し続けるのではなく、それを神聖視するメカニズムを明らかにすることこそ必要なのではないだろうか。

【注】

（1）ただし、この『家庭教育手帳』は平成一六年版から改訂され、「決めよう」という表現は削除されている。

（2）『家庭教育手帳（平成一三年度版）』二〇〇一、一二ページ参照。平成一六年度版からは調査の出典の典拠は、削除されているが、「子どもたちの一番の願い、それは何だと思いますか？」のページはそのまま維持されている。

（3）『朝日新聞』（夕刊）一九六九年五月八日。

（4）『朝日新聞』一九九四年一一月二六日。

（5）たとえば、戦士として育てられた子どもを描いたベストセラーに、城山三郎『素直な戦士たち』（新潮社、一九七八）がある。

（6）牧野カツ子「父親の現在と父親研究の課題」（牧野カツ子・中野由美子・柏木惠子『子どもの発達と父親の役割』ミネルヴァ書房、一九九六）、石川実「『父親不在』論と父子関係の実態――理論的検討をひとつの調査」（『都市問題研究』46巻3号No.519、一九九四）を参照のこと。

（7）訳者あとがきにあるように、ドイツで一九六三年に刊行されたときその原題は、「父親なき社会への途上にて」（Auf dem Weg zur vaterlosen Gesellschaft）で、いまだ「途上に」あったのだか、アメリカ合衆国で一九六九年に英訳された時には、「父親なき社会」（Society without the Father）となり、邦訳はこれを追認したものとなっている。本書は、もともと、フロイトの精神分析学にもとづく、子どもの成長に関する理念的な分析である。社会の変化については、もっぱら、アメリカの社会学者リースマンの分析に多くをおうもので、精神分析学に基づく社会分析といっても、フランクフルト学派のものとは一線を画すものである。また、大衆を「不吉」なものとみなした社会批判が展開され、ワイマール期やナチス期まで視野に入れており分析対象となる時代も幅広い。

（8）総務庁青少年対策本部による世界青年意識調査は、第1回（一九七二）、第2回（一九七八）、第3回（一九八四）、第4回（一九八九）、第5回（一九九三）、第6回（一九九八）とおこなわれ、最新のものは、第7回（二〇〇三）である。

（9）「本調査は、日本、アメリカ、西ドイツの3か国の父親と子供の生活実態、接触の実態、感情面での交流及び家庭における父親の存在や父親の教育観などを調査し、これらを比較検討」（総務庁青少年対策本部『日本の父親と子ども――アメリカ・西ドイツとの比較』一九八七）したものである。一九八六年に、一〇歳から一五歳までの子供とその父親を対象として、それぞれ一〇〇〇サンプルを回収することを原則として調査員による個別訪問面接調査がおこなわれた。

（10）これについての詳細は、小玉亮子「父親論の現在――七〇年代以降を中心として」（浅井春夫・伊藤悟・村瀬幸浩編『日本の男はどこから来てどこへ行くのか』十月舎、二〇〇一）を参照のこと。

（11）七〇年代以降、中央教育審議会や臨時教育審議会において、家族が問題として論じられるとき、必ずといっていいほど父親の存在感、影響力の低下が言及されてきた。これについては、小玉亮子「教育改革と家族」（日本家族社会学会編『家族社会学研究』第12(2)号）を参照のこと。

〈付記〉本稿は、拙著「父親論の現在」（浅井春夫・伊藤悟・村瀬幸浩編『日本の男はどこから来て、どこへ行くのか』十月舎、二〇〇一）、および「『子どもが求めている母親像』を問い直す」（『児童心理』No.七九三、二〇〇三）の一部を加筆再構成したものである。詳しくは、この二編の論文を参照されたい。

あとがき

今回、ともに一冊の本を書くことになった私たち二人がお互いを知るようになったのは、いつのころだっただろうか。同じ世代であり、同じように教育学を専攻しながら、関西と関東で学ぶ私たちにはずっと接点がなかった。そんな私たちが、今回一緒に仕事をすることになるまでに、二回ほど出会う機会があった。

最初の接点は、『講座現代社会学』（岩波書店）の第一二巻『こどもと教育の社会学』に、ともに寄稿したときではなかったかと思う。そこに寄稿した木村論文は、学校の再生産機能を問うものであり、小玉論文は、西欧近代の新教育思想を問うものであった。分析対象はまったく異なっていたけれども、二つの論文は、ジェンダーの視点から教育を問い直そうという点において、共通の問題意識をもっていた。

そのとき、私たちは特に顔をあわせることもなく、単に同じ本に論文を書いたというだけのことであったが、しかし、それもひとつの出会いだったのだと思う。ジェンダーの視点から教育を再検討していきたい、という同じ思いをもつものとして、私たちに初めての出会いを用意してくれた編者に心から感謝したいと思う。

それから、しばらくして本当に私たちが顔をあわせる機会をつくってくれたのは、神奈川大学の河上婦志子さんである。木村さんの大学の先輩である河上さんは、神奈川県内で、教師と研究者のゆるやかな共同研究集団を組織してきていたが、そこに、同じ神奈川県内の大学に勤務していた小玉もいつの間にか出入りするようになっていた。その研究会で、木村さんの報告を聞く機会があり、その会に小玉も参加することになった。涼子vs亮子で討論したら、などといういたずらっぽい河上さんの誘いに笑いながら、短い時間だったけれども積もり積もった話をしたという記憶がある。今回、本書の元となるエッセイが雑誌に連載されているときも、河上さんは、ずっと目をとおし私たちを励ましてくれた。河上さんに心から感謝したいと思う。

そして、今回、私たちの共同作業の機会を提供してくれたのが、白澤社の吉田朋子さんである。当初、吉田さんから小玉に「ジェンダーと教育」についてのエッセイの連載という企画があるという相談があったとき、迷わず木村さんとの共同執筆を提案した。同じ問題意識を持ちながら、違う分野を勉強してきた私たちが共同で仕事ができるまたとない機会であると思ったからだ。木村さんの快諾を得て、月刊『教職課程』（協同出版）に二〇〇三年九月号から二〇〇四年八月号にかけて一年間、交互に六回ずつ連載をおこなった。この全一二回の連載は吉田さんの伴走抜きには有り得なかったが、それだけでなく、連載はすべて吉田さんの書いた連載のリード文、「近年、性別によって『自然』とされてきたことに、教師となる読者の皆さんが自覚をもち、子どもたちと接することが求められています」に導かれながら書かれている。この意味でも、連載は吉田さんと私たち、三人の共同作業であったといえる。その後、本書をまとめるにあたっても、吉田さんにはたいへんなご苦労をおかけした。心から感謝したいと思う。

本書は、雑誌でのエッセイの連載を加筆・修正し、さらに二つの論文を追加して構成されている。雑誌の連載では、互いに呼び掛け、応答するという厳密な意味での往復書簡という形式にはならなかったが、ゆるやかにつながることをこころがけた。連載中には、投げられる球をどのように受け、そして、どう返していくのか、毎回、スリリングな経験をすることとなった。直球をなげたり変化球を投げたり、しっかり受け止めたり、あるいは取りこぼしたり。私たちの共同作業は、それほどスマートなものではないかもしれないけれど、いま伝えたいことを全力で書いたつもりである。

本書をお読みいただければわかるようにジェンダーという概念は、異文化や世代等の異なる軸を交差させることによって社会をいっそう多様の層においてとらえることを可能にさせる概念である。その意味で、ジェンダーという視点は、異質な他者が認め合える社会のあり方を考えていくうえで鍵となる。この点を深めていくためには、まだまだ議論していかなければならないことが多い。本書がその一助となればと考えている。

二〇〇五年七月

小玉亮子

《著　者》（五十音順）

木村涼子（きむら　りょうこ）

1961年生まれ。大阪大学大学院人間科学研究科准教授。教育社会学・歴史社会学専攻。

主な著書・論文に、『学校文化とジェンダー』（勁草書房）、『教育の社会学』（共著、有斐閣）、『ジェンダーで学ぶ教育』（共編著、世界思想社）、「女学生と女工――『思想』との出会い」『近代日本文化論8　女の文化』（岩波書店）など。

小玉亮子（こだま　りょうこ）

1960年生まれ。横浜市立大学国際総合科学部準教授。教育学・家族社会学専攻。

主な著書・論文に、『マスキュリニティ／男性性の歴史　現代のエスプリ No.446』（編著、至文堂）、「教育とジェンダー」（『教育文化論』放送大学教育振興会）、「教育政策における〈家族〉の何が問題か」（『《理想の家族》はどこにあるのか？』教育開発研究所）など。

教育《きょういく》／家族《かぞく》をジェンダーで語《かた》れば

2005年8月10日　第一版第一刷発行
2007年10月20日　第一版第二刷発行

著　者　木村涼子／小玉亮子
発行人　吉田朋子
発　行　有限会社 白澤社《はくたくしゃ》
〒112-0014　東京都文京区関口1-29-6　松崎ビル202
電話 03-5155-2615／FAX 03-5155-2616
E-mail：hakutaku@nifty.com
発　売　株式会社 現代書館
〒102-0072　東京都千代田区飯田橋3-2-5
電話 03-3221-1321（代）／FAX 03-3262-5906
装　幀　アトリエ*ナジャ　高橋優子
印　刷　モリモト印刷
用　紙　山市紙商事
製　本　トキワ製本所

ISBN978-4-7684-7912-4